7
SOLUCIONES
PARA
PADRES
AGOTADOS

DR. JAMES DOBSON

Publicado por
Editorial Unilit
Miami, Fl. 33172
Derechos reservados

© 2005 Editorial Unilit (Spanish translation)
Primera edición 2005

© 2004 por James Dobson, Inc.
Originalmente publicado en inglés con el título:
7 Solutions for Burned-Out Parents por James C. Dobson.
Publicado por Multnomah Publishers, Inc.
601 N. Larch Street
Sisters, Oregon 97759 USA

Todos los derechos de publicación con excepción del idioma inglés
son contratados exclusivamente por GLINT, P. O. Box 4060,
Ontario, California 91761-1003, USA.
(All non-English rights are contracted through: Gospel Literature
International,
PO Box 4060, Ontario, CA 91761-1003, USA.)

Traducción: Raquel Monsalve
Revisión y corrección de estilo: Focus on the Family

Las citas bíblicas se tomaron de la Santa Biblia, Versión Reina Valera 1960
© Sociedades Bíblicas Unidas; *La Santa Biblia, Nueva Versión Internacional* ©
1999 por la Sociedad Bíblica Internacional; y *La Biblia al Día* © 1979
International Bible Society.
Usadas con permiso.

Producto 495394
ISBN 0-7899-1313-5
Impreso en Colombia
Printed in Colombia

Dedicatoria

Dedico con afecto este libro a las madres y los padres de hoy que están cargados por las interminables presiones y obligaciones de la vida. El estrés resultante y el agotamiento se han convertido en la enfermedad universal entre las familias en las naciones del hemisferio occidental. Es mi oración que las ideas y sugerencias que ofrezco en *7 Soluciones* ayuden a aliviar la carga y animen a los padres y madres a dar prioridad a los preciosos hijos que se les han confiado a su cuidado. Cuando estos años agitados pasen a ser parte de la historia, será evidente que la tarea de criar hijos en el temor y la disciplina del Señor era la responsabilidad más importante. Que Dios les conceda sabiduría y fortaleza en cada paso a lo largo de la trayectoria.

Ahora, ponga a un lado su lista de quehaceres, prepárese una taza de té, siéntese en una silla cómoda o en un baño caliente, y disfrute de la lectura junto conmigo. El mundo esperará mientras lo hace.

Contenido

Dedicatoria 3

Reconocimientos 7

Introducción 9

1 El sagrado ritmo del descanso 13

2 Cuando se tiene todo 27

3 Haga más con menos 47

4 Mantenga el equilibrio 61

5 Apague y sintonice 73

6 Palabras de aliento para hoy 89

7 La oración: La respuesta correcta 107

Epílogo 119

Notas 121

Reconocimientos

Quiero expresar mi gratitud especial a mi editor, Jim Lund, por su invalorable colaboración ayudándome a investigar, recopilar y darle forma al material de este libro.

Mi agradecimiento también a Jennifer Gott, Pamela McGrew, y todos mis amigos de Multnomah que desempeñaron un papel en este importante proyecto.

Introducción

Kay y Leonardo a menudo anhelan una vida más simple. Sus tres hijos están en equipos de fútbol, baloncesto y béisbol; toman lecciones de piano y de natación; participan en los Niños Exploradores, y en el programa semanal de jóvenes de la iglesia; y eso es además de una cantidad inmensa de tareas escolares y proyectos adicionales. Cuando Kay no lleva a sus hijos a diferentes actividades, trabaja como voluntaria en la escuela de sus hijos y en la iglesia. Leonardo no puede ayudar mucho; se esfuerza por ponerse al día en el trabajo, a menudo trabajando horas extras durante la semana y los fines de semana.

Aunque Kay ha dejado su negocio que operaba en su casa para tener más tiempo con la familia, aún se siente abrumada.

«Ayer tuve que llevar a los chicos a la ciudad cuatro veces», dijo hace poco. «Cuando terminó el día, todo lo que había hecho además de llevarlos en automóvil a todos lados fue parar en el mercado para comprar una bolsa de comida para gatos. Es una locura». Admite que está agotada y desanimada la mayor parte del tiempo y siente que algo tiene que cambiar. Pero hay muy poco tiempo para reflexionar sobre ello: la siguiente actividad siempre se encuentra a unos cuantos minutos.

Ángela, otra madre, tiene un horario agitado similar. Después de todo un día en la oficina, pasa tanto tiempo llevando a sus hijos a programas y prácticas, que su hijo de un año parece «un poco desorientado» cuando no está en la minifurgoneta de la familia.

¿Es su vida como la de Kay, Leonardo y Ángela? ¿Está usted también corriendo en interminables círculos, cansado y deprimido, demasiado ocupado como para leer un buen libro o dar un largo paseo con su esposa o sostener a su pequeñito en sus rodillas mientras le cuenta una historia? ¿Ha eliminado casi todas las actividades significativas a fin de enfrentar la tiranía de una interminable lista de quehaceres?

¿Se sienten más cómodos sus hijos en el automóvil de la familia que en su propio hogar?

Si es así, no está solo. Esta vida llena de demasiados compromisos y agitada, a la cual llamo «pánico rutinario», es una de las tragedias de la vida familiar del siglo veintiuno. Todos parecen estar atrapados en la «carrera de ratas». A medida que pasamos nuestros días a toda velocidad, nuestras vidas se parecen cada vez más a trenes de carga sin frenos.

¿Quiere bajarse del tren antes de que choque? Aún en esta sociedad agitada y apresurada *es* posible disminuir el ritmo de vida lo suficiente como para disfrutar cada día, cuidar su matrimonio y familia, y desarrollar una relación profunda y significativa con el Señor. No es fácil, pero hasta con unos cuantos pasos positivos puede comenzar a alejarse de su vida de padre extenuado y dirigirse hacia una vida más satisfactoria de paz y descanso.

Mi oración es que este libro, el primero en mi nueva serie *El hogar es importante*, le proveerá el ánimo y los consejos prácticos que necesita para lograrlo. Se basa en los mismos materiales y conceptos bíblicos, probados por el tiempo, que les he presentado a las familias por muchos años. El libro está dirigido sobre todo a los matrimonios, pero se ajusta por igual a los afligidos padres solteros.

Las siete «soluciones» que se presentan no son los únicos medios para obtener una forma de vida más tranquila, pero basado en mis observaciones y experiencia, son un excelente lugar de partida. Espero que pruebe estas sugerencias, junto con los consejos al final de cada capítulo. Después de todo, ¡cualquier cosa tiene que ser mejor que criar a su familia en una minifurgoneta!

El sagrado ritmo del descanso

«Quédense quietos, reconozcan que yo soy Dios».
SALMO 46:10

Todos necesitamos el descanso para prosperar. No es solo una conveniencia que tratamos de incluir apretadamente en nuestros horarios, ni una indulgencia para los que no están dispuestos a trabajar duro. Los tiempos regulares de quietud y silencio son una necesidad espiritual y biológica. Muchos miembros del reino animal, así como algunas especies de plantas, hibernan o yacen inactivos a través de los meses del invierno para sobrevivir. Nosotros los seres humanos tenemos mucha más dificultad en reconocer los ritmos naturales de la vida.

Uno de esos seres humanos, un desconcertado nuevo papá llamado Jack, una vez me escribió una carta pidiéndome consejo. A continuación presento parte de esa nota (cursivas mías):

El Señor nos ha bendecido tanto, y yo debería estar lleno de gozo. Sin embargo, me he sentido deprimido por unos diez meses hasta el momento. No sé si recurrir a un pastor, un médico, un psicólogo, un nutricionista o un quiropráctico.

El pasado mes de septiembre, el Señor nos bendijo con un hermoso bebé varoncito. Él es simplemente maravilloso. Lo amamos muchísimo. *Pero ha exigido mucha atención.* Lo que hizo que esto fuera más difícil para mí fue que el semestre pasado Margie tomó clases tres noches a la semana para terminar su licenciatura en letras, y yo tuve que cuidar al pequeño Danny. Lloró y sollozó todo el tiempo que estuvimos juntos. Estaba acostumbrado a poder pagar mis cuentas, preparar el presupuesto, leer, archivar el correo, contestar cartas, escribir listas a máquina, etc., por las noches, pero todo eso se tuvo que postergar hasta que Margie llegara a casa.

Me sentí muy cansado y comencé a tener mucho problema para levantarme e ir a trabajar. En realidad, debería estar en mi trabajo a las ocho, pero hace meses que no llego allí antes de las nueve o las nueve y media. *Tal parece que siempre estoy luchando con la gripe.*

No entiendo por qué estoy tan deprimido. Claro, Margie se cansa porque no podemos hacer acostar a Danny antes de las once o las doce de la noche, y se despierta dos veces en la noche para que se le dé su alimento. A pesar de eso, ella no está deprimida. *Todo esto de despertarme en la noche realmente me está molestando.*

Otra cosa que ha sido una lucha constante es dejar a Danny en el departamento de cuna de la iglesia. No le agrada estar lejos de nosotros por mucho tiempo, así que tienen que mandar a buscar a Margie casi todos los domingos. *Casi nunca podemos estar los dos juntos.*

Hay unas cuantas cosas más que tal vez contribuyan a mi depresión. Son (1) responsabilidades en el trabajo, tenemos poco personal y yo estoy tratando de hacer demasiado; (2) pasar demasiados fines de semana ocupado con trabajos en el jardín o tratando de hacer arreglos a nuestra casa que necesita muchas reparaciones; y (3) nuestras finanzas, las cuales son muy limitadas. No queremos que Margie vuelva a trabajar, así que estamos con un presupuesto muy apretado. Ahora lo hemos reducido a las necesidades básicas.

Tenemos todas las cosas que podríamos soñar a nuestra edad (veintisiete): nuestra propia casita linda en un buen vecindario, un trabajo que considero un ministerio. Tenemos un niño hermoso y saludable, nos tenemos el uno al otro y, lo más importante, nuestra vida en Cristo.

No tengo ninguna razón para estar siempre deprimido y cansado. Llego a casa del trabajo tan extenuado que ni siquiera quiero tener a Danny cerca de mí. Si tiene algunas sugerencias en cuanto a lo que debería hacer, por favor, dígamelas. Gracias y que Dios lo bendiga.

Jack

Este padre joven está bien en camino a la extenuación. Cuando uno mira a su horario imposible, no es de sorprenderse que se rebelen su cuerpo y su mente. Después de llevar a cabo un trabajo sumamente exigente, llega a casa a un bebé irritable, una esposa que va a la universidad de noche y una gran cantidad de cuentas y de papeleo que hay que atender. Los fines de semana reconstruye su casa destartalada. Por último, Jack dejó en claro que él y su esposa no tienen tiempo a solas juntos, ninguna diversión en sus vidas, ninguna actividad social, ningún ejercicio regular y ningún descanso de las demandas del bebé. ¡No es de sorprenderse!

Además de estas otras presiones, Jack no puede disfrutar ni siquiera de una noche de sueño ininterrumpido.

Se acuesta cerca de la medianoche, pero lo despiertan por lo menos dos veces antes de que llegue la mañana. Esa es probablemente la clave de su depresión. Algunos individuos son muy vulnerables a la falta de sueño, y este hombre parece ser uno de ellos.

Yo soy otro. Nuestro hijo, Ryan, no durmió toda la noche ni una vez durante sus primeros cuatro meses, y yo creía que me iba a morir. No hay ningún ruido en el mundo como el penetrante chillido de un bebé en las tempranas horas de la mañana. ¡Las personas que dicen que «duermen como un bebé», probablemente nunca tuvieron uno!

El cuerpo humano no tolerará esta clase de presión por mucho tiempo. Y cuando nuestro cuerpo está extenuado, una cosa interesante les pasa a las emociones. También funcionan mal. ¿Sabe? La mente, el cuerpo y el espíritu son vecinos muy cercanos. Por lo general, a uno se le contagian las enfermedades del otro. Recordará que Jack no entendía su depresión. Tenía todas las razones para ser feliz y, sin embargo, era desdichado. ¿Por qué? Porque su estado de agotamiento físico afectaba en gran medida su mecanismo mental. Y si se pudiera saber la verdad, es probable que su vida espiritual tampoco era tan inspiradora.

La mente, el cuerpo y el espíritu

son vecinos muy cercanos.

Los tres departamentos de nuestro intelecto están estrechamente unidos; tienden a moverse de arriba abajo como una unidad. Por eso es tan importante que mantengamos y apoyemos la tríada: mente, cuerpo y espíritu. Si uno marcha mal, el motor entero comienza a chisporrotear.

Wayne Muller, en su libro titulado *Sabbath: Restoring the Sacred Rhythm of Rest*, relata lo que una vez le dijo un médico:

Descubrí en la facultad de medicina que mientras más exhausto estaba, más pruebas ordenaba. Estaba demasiado cansado para ver con precisión lo que les pasaba a mis pacientes. Podía reconocer sus síntomas y formular posibles diagnósticos, pero no lograba escuchar con exactitud cómo encajaba todo [...]

Sin embargo, cuando estaba descansado, podía confiar en mi intuición y experiencia para que me dijeran lo que se necesitaba. Si había alguna incertidumbre, ordenaba un examen específico para confirmar mi diagnóstico. Pero cuando estaba descansado y podía escuchar, casi siempre tenía razón[1].

Nos desempeñamos mejor cuando no estamos sobre-cargados, apurados y faltos de sueño. Así es simplemente cómo funciona el sistema humano y no es una casualidad. El Señor nos diseñó y nos creó para que funcionemos de esa manera. Él sabe todo en cuanto a cómo funcionan nuestros cuerpos, hasta el átomo más pequeñito. También entiende por completo nuestras tendencias demasiado diligentes y lo fácil que nos resulta posponer períodos regulares de renovación. Esta debe de ser la razón por la cual Él estableció un ejemplo de *descanso* para nosotros al comienzo mismo de la historia de la humanidad y por qué nos ordena apartar un día cada semana para descansar, orar y rejuvenecernos.

Un día santo de reposo

Dios introdujo el concepto del día de reposo en el tiempo de la creación, después de que formó al mundo en seis días:

> Al llegar el séptimo día, Dios descansó porque había terminado la obra que había emprendido. Dios bendijo el séptimo día, y lo santificó, porque en ese día descansó de toda su obra creadora.
>
> GÉNESIS 2:2-3

No creo que el soberano del universo *necesitó* descanso después de que creó el mundo. Ningún esfuerzo es demasiado agotador para el Señor. Más bien, quería enfatizar el significado del día de reposo desde el mismo comienzo.

Dios explicó con exactitud cómo espera que respondamos al día de reposo, y lo importante que es para Él, cuando lo incluyó en la ley que le dio a Moisés en lo que se conoce como los Diez Mandamientos:

Acuérdate del sábado, para consagrarlo. Trabaja seis días, y haz en ellos todo lo que tengas que hacer, pero el día séptimo será un día de reposo para honrar al SEÑOR tu Dios. No hagas en ese día ningún trabajo, ni tampoco tu hijo, ni tu hija, ni tu esclavo, ni tu esclava, ni tus animales, ni tampoco los extranjeros que vivan en tus ciudades. Acuérdate de que en seis días hizo el SEÑOR los cielos y la tierra, el mar y todo lo que hay en ellos, y que descansó el séptimo día. Por eso el SEÑOR bendijo y consagró el día de reposo.

ÉXODO 20:8-11

El día de reposo debe ser un día santo, libre de trabajo y dedicado a la adoración, la oración y la alabanza. Cuando honramos a Dios dejando de lado las llamadas telefónicas, los correos electrónicos, el pago de las cuentas y el lavado de la ropa para reflexionar en Él y pasar tiempo tranquilo juntos como familia, comenzamos a sentir la profundidad de su amor, paz y poder restauradores que están disponibles para nosotros.

El domingo negro

En la casa de la familia Dobson, hemos tratado de observar el día de reposo a través de los años, escogiendo adorar en la iglesia cuando nos era posible y no asistir a eventos atléticos profesionales, ni esquiar, ni ir al cine en lo que llamamos «el día del Señor». Me gustaría poder decir, sin embargo, que hemos sido disciplinados con respecto a hacer trabajos de oficina o la administración de nuestras otras responsabilidades profesionales los domingos. Eso no sería verdad. Pero a medida que hemos violado nuestras propias éticas, siempre nos hemos sentido culpables por eso y nos hubiera gustado haber sido más cuidadosos en seguir el plan que nos ha dado el Señor para una vida saludable.

A veces parece que hasta las obligaciones de criar una familia conspiraran para hacer del «día de descanso» un tiempo de estrés. En especial cuando nuestros hijos eran pequeños, los domingos por la mañana podían convertirse realmente en los momentos más frustrantes de la semana.

Recuerdo una de esas mañanas, a la cual ahora nos referimos como «domingo negro». ¿Ha tenido alguna vez una experiencia como esa?

Comenzamos ese día levantándonos demasiado tarde, lo que significó que todos nos tuvimos que apresurar para llegar a la iglesia a tiempo. Eso produjo estrés emocional, sobre todo para Shirley y para mí. Luego hubo el asunto de la leche derramada en el desayuno y el betún negro de los zapatos en el suelo. Y, por supuesto, nuestro hijo Ryan fue el primero en vestirse, permitiéndole salir sin ser visto por la puerta de atrás y ensuciarse de pies a cabeza. Fue necesario quitarle toda la ropa y comenzar a vestirlo con ropa limpia otra vez.

En lugar de enfrentar estos asuntos irritantes a medida que se presentaban, comenzamos a criticarnos y a lanzar acusaciones de un lado a otro. Por lo menos dimos unas nalgadas y prometimos otras tres o cuatro. Al final, cuatro personas atribuladas se las arreglaron para entrar apresuradamente a la iglesia. No hay un pastor en todo el mundo que nos hubiera podido conmover esa mañana.

Lo que trato de decirle es que usted, también, luchará a veces mientras intenta apartar un día de descanso a la semana para su familia. Habrá ocasiones cuando su domingo será cualquier cosa excepto un día de calma y de renovación. Las emergencias y los conflictos inevitables con los horarios de trabajo tal vez lo obliguen a guardar su día de reposo en otro día totalmente diferente.

¡No permita que estos obstáculos y contratiempos temporales lo desalienten! La enseñanza fundamental del día de reposo es más importante para el Señor que la letra de la ley. Cristo mismo les permitió a los discípulos recoger espigas de trigo en el día de reposo (Marcos 2:23-27) y repetidas veces sanó enfermos en el día santo de Dios, para consternación de los fariseos (Marcos 3:1-6; Lucas 13:10-17; 14:1-6; Juan 5:1-9; 9:1-41). A Jesús le preocupaba más hacer el bien (Marcos 3:4) que adherirse a la interpretación legalista de los fariseos de lo que constituía un día de reposo apropiado.

Sin embargo, Jesús entendió con claridad el valor de la renovación espiritual y el descanso. Una vez invitó a sus discípulos diciéndoles: «Vengan conmigo ustedes solos a un lugar tranquilo, y descansen un poco» (Marcos 6:31). Aun cuando las multitudes se le acercaban para recibir sanidad, «Él, por su parte, solía retirarse a lugares solitarios para orar» (Lucas 5:16).

Tome un descanso cada semana para **reposar,** pasar tiempo con **Dios** y estudiar su **Palabra.**

Afilemos nuestras herramientas

Si Jesús, para quien todas las cosas eran posibles, en medio de sus grandes enseñanzas escogió en reiteradas ocasiones apartarse a lugares tranquilos para descansar y hablar con su Padre, ¿cuánto más cada uno de nosotros necesita hacer lo mismo? Aunque nuestra cultura moderna lo tentará sin cesar a hacer otra cosa, descubrirá que tomar un descanso cada semana para reposar, pasar tiempo con Dios y estudiar su Palabra hará que sea un padre más renovado y eficiente. De igual manera, guardar el día del Señor les proveerá un muy necesario beneficio físico, emocional y espiritual a su cónyuge y a sus hijos.

El predicador y autor Charles Spurgeon una vez escribió esta notable declaración sobre el valor del día de reposo:

Fíjese en el segador un día de verano. Con tanto que cortar antes de que se ponga el sol, hace una pausa en su labor. ¿Es un perezoso? Busca una piedra y comienza a pasarla de arriba abajo por su guadaña, zas, zas, zas, zas. Está afilando su hoja de cortar. ¿Es eso música en vano? ¿Está desperdiciando un tiempo valioso? ¿Cuánto más podría haber cortado mientras tocaba esas notas con su cuchilla? Sin embargo, está afilando su herramienta. Y hará mucho más, cuando una vez más ponga su fuerza sobre esos largos movimientos que dejan la hierba postrada en hileras delante de él. De esa manera, hasta una pequeña pausa prepara la mente para un mejor servicio hacia una buena causa.

Los pescadores deben remendar sus redes, y nosotros debemos, de vez en cuando, reparar nuestro estado mental y poner en orden nuestra maquinaria para un uso futuro. Es sabio tomar permisos ocasionales. A la larga, haremos más al hacer menos algunas veces[2].

En nuestro vertiginoso mundo, tomarse un día de descanso y renovación es más que un lujo: es algo esencial para nuestro éxito como cónyuges y padres. La mejor razón para guardar el día de reposo, sin embargo, es que nos coloca con firmeza en la voluntad de Dios, agradándole y trayéndole gloria. Ninguna recompensa es mayor que esa.

Solución #1

Restaure el día de reposo

- Hable con su familia: ¿cómo pueden hacer del día de reposo un día santo? Podría comenzar desconectando el teléfono y empezando cada nueva actividad con una oración.

- ¿Qué pasos puede dar el día anterior al día de reposo, tales como pagar las cuentas, ponerse al día con el lavado de la vajilla y de la ropa, o asegurarse de que los niños terminen sus tareas escolares, a fin de hacer que su día de descanso sea más tranquilo?

- En su día de reposo, busque un libro o una sección de la Biblia para leer; luego salga a dar una caminata sin prisa y permita que Dios le hable.

Cuando se tiene todo

«Todo tiene su momento oportuno;
hay un tiempo para todo lo que se hace bajo el cielo».

ECLESIASTÉS 3:1

Sucedió cuando tenía treinta y tres años de edad y escribía mi primer libro. Marchaba a una velocidad increíble, me mataba trabajando, igual que todos los demás hombres que conocía. Yo era superintendente de los jóvenes en mi iglesia y trabajaba de acuerdo con un horario muy recargado de compromisos para hablar en público. Ocho o diez responsabilidades «no oficiales» fueron añadidas a mi trabajo a tiempo completo en la Facultad de Medicina de la Universidad del Sur de California y del Hospital Infantil de la ciudad de Los Ángeles. Una vez trabajé diecisiete noches consecutivas, sin estar en mi casa por las noches. Danae, nuestra hija de cinco años, se paraba en la puerta y lloraba cuando me iba en las mañanas, sabiendo que no me vería de nuevo hasta que saliera el sol al otro día.

Aunque mis actividades me traían progreso profesional y símbolos del éxito financiero, mi papá no se sentía impresionado. Había observado mi estilo de vida agitado y se vio obligado a expresar su preocupación. Mientras volaba desde Los Ángeles a Hawai un verano, usó ese tiempo tranquilo para escribirme una larga y amorosa carta, explicándome delicadamente qué gran error sería si continuaba utilizando todos mis recursos en mi carrera y fallara en cuanto a cumplir mis obligaciones con mi esposa e hija. Esto es lo que escribió:

Querido Jimbo: Hace bastante tiempo que no te escribo una carta paternal, ni cualquier otro tipo de carta. Es digno de constancia, creo, que de todas las muchísimas comunicaciones que forman parte del total de nuestra correspondencia, incluyendo las de tus años escolares y universitarios, no puedo recordar ninguna carta que jamás tuviera que haberse escrito con enojo o la más ligera represión, y ninguna, desde este punto de vista, que no estuviese acompañada por un tono nostálgico de agrado. En una palabra hoy, siento más que nunca el deseo de decirte que ha sido maravilloso ser tu padre, aunque el éxito de la relación, pensándolo bien como adulto, parece ser mucho más el resultado de tu relación hacia mí, que cualquier virtud de parte mía. Estoy orgulloso de ser un miembro del equipo.

Mi oración y esperanza y expectativa es que la misma afinidad reverencial hacia Dios siempre exista entre tú y tus hijos. Estoy muy seguro de que el amor y la fe en el Cristo vivo son siempre las únicas piedras angulares y los cimientos que formarán los recuerdos que bendigan en lugar de desaparecer como la espuma. Estoy muy contento por tu éxito, el cual ahora parece venir como ráfagas de lluvia. Es importante para los hombres de todas las vocaciones experimentar la realización de sus sueños. A estas alturas, has tenido un promedio muy alto de resultados positivos por tus esfuerzos, a decir verdad, es casi increíble.

No necesito recordarte que no siempre será así. La vida te probará hasta lo más profundo, por lo menos en lo más importante, cuando tengamos que entregarlo todo. Hasta ahora, no te han probado, pero las pruebas son inevitables. Si la frustración y la angustia no te llegan a través de tu carrera, debes prepararte mentalmente para cuando lleguen a través de otras áreas. Sé que esto es casi imposible de hacer en un día soleado y lleno de rosas. «Basta a cada día su propio mal», pero también deberíamos agregar: «Solo para los que se aferran con fuerza a Dios durante los tiempos felices».

Todos debemos orar en forma segura, intencional y continua por tu hija. Está creciendo en la parte más malvada del mundo, mucho más avanzada en la declinación moral que el mundo en el que tú naciste. He observado que uno de los mayores engaños es suponer que los hijos serán creyentes devotos tan solo porque lo son sus padres, o que cualquiera de ellos pasará a la vida de alguna otra forma que no sea por el valle de las penalidades profundas de la oración y la fe. El fracaso de parte tuya a estas alturas convertiría el simple éxito en los negocios en un asunto muy pálido y descolorido, pero esta oración demanda tiempo, el tiempo que no puede darse si ha sido completamente dedicado, apartado y colocado en el altar de la ambición profesional.

En mi caso, hubo una coincidencia feliz en cuanto a mi carrera como ministro y el cuidado de tu alma, y no lamento que las modestas citas que tuve que cumplir cuando eras niño, me dieron el tiempo necesario para orar por ti. En tu caso, esto tendrá que hacerse de manera intencional, una intención consciente y celosamente protegida. El futuro, todo el futuro, al final es brillante para todos los creyentes, y hoy el mío se ve brillante en especial. Pero la tragedia de un hijo que en la vida naufraga en la fe puede echarle a perder la vejez a cualquier persona, sea creyente o no. Debemos trabajar todos juntos para lograr la serenidad que tengo en este aspecto, cuando estoy entrando a los primeros años de mi vejez. Esa es solo una razón más para que todos bebamos hasta saciarnos de la copa que está en nuestras manos.

Esas palabras me estremecieron hasta lo más profundo de mi ser y me hicieron reexaminar mis prioridades.

El doctor Gary Rosberg, fundador de *America's Family Coaches*, experimentó una vez una revelación similar. Mientras estudiaba para obtener su título de doctor, lo interrumpió su hija de cinco años, Sarah. Le mostró un dibujo de la familia: Sarah, su hermanita menor, su mamá y la perra de la familia, Katie. Incluso le había puesto un título al dibujo: «Lo mejor de nuestra familia».

Sin embargo, algo inquietó a Gary. Algo le faltaba al dibujo.

«Sarah», le preguntó Gary, sin estar seguro de querer escuchar la respuesta, «¿dónde está tu papá?»

«Tú estás en la biblioteca», le dijo.

Fue un momento de los que detienen el tiempo. La cabeza de Gary le dio vueltas mientras se daba cuenta de lo desconectado que estaba de su familia. En ese momento resolvió ser un participante mucho más activo en la vida de sus hijas, sin tener en cuenta el costo de sus ambiciones profesionales[3].

Por supuesto que la atracción de avanzar en la carrera, y la satisfacción del ego que viene con eso, no se restringe solo a los hombres. Desde la llegada del feminismo y la revolución sexual en la década de 1960, miles de mujeres se han unido sin reservas a la fuerza laboral. Han alcanzado nuevos niveles de independencia financiera y emocional, pero en el caso de las madres, esto ha tenido un precio.

Helen Gurley Brown en su libro *Having it All*, publicado en 1982, les informó a las mujeres que es posible lograr múltiples metas competitivas sin tener que hacer elecciones costosas. Está equivocada, excepto en casos raros. Comprendo las frustraciones y presiones que llevan a las madres a trabajar fuera de casa. También entiendo que muchas mujeres hoy en día deben salir a trabajar para cubrir las necesidades. Pero cuando la demanda de energía excede a la reserva, *por* cualquier *razón*, el agotamiento es inevitable. Y en la competencia por esas reservas limitadas, los que casi siempre pierden son los hijos.

Por supuesto que las ambiciones profesionales no son las únicas cosas que pueden apartarnos de nuestras familias. Actividades que parecen inofensivas tales como ir a hacer gimnasia, jugar golf, pescar, cazar, ir de compras, hacer reparaciones o mejoras en la casa, o hacer trabajo voluntario en la escuela o la iglesia son realmente cosas que perjudican si consumen hasta la última gota de nuestra energía, dejándonos totalmente agotados e incapaces de enfocarnos en nuestro cónyuge o hijos.

Cuando la demanda de **energía** excede a la **reserva**, por cualquier razón, el agotamiento es **inevitable**.

Crisis de energía

El mejor libro que he leído sobre este tema es el titulado *Parent Burnout* (edición ahora agotada), del doctor Joseph Procaccini y Mark Kiefaber[4]. Los autores describen la forma en que los padres se las arreglan para desperdiciar sus recursos y al final fracasan en la tarea que más les importa: La crianza de hijos saludables y responsables. El concepto de estos autores se basa en cinco premisas clave, como siguen a continuación: (1) la energía humana es un recurso precioso que hace posible todo lo que deseamos hacer; (2) la cantidad de energía es *finita*, hay una cantidad limitada para cada uno de nosotros; (3) *cuando el consumo de energía excede a la reserva, comienza el agotamiento*; (4) los padres que esperan lograr las metas que han establecido para ellos y sus hijos, no deben malgastar sus recursos vitales con necedad; y (5) debe identificarse y eliminarse el consumo derrochador de esos recursos y debe dársele prioridad a acumular la reserva.

¿Cómo es la experiencia del agotamiento de los padres? De acuerdo con Procaccine y Kiefaber, ocurre en cinco etapas progresivas, cada una de las cuales es más estresante que la anterior. A la primera se le puede llamar «etapa llena de entusiasmo», donde los padres tratan de hacerlo todo. En realidad, puede comenzar con el descubrimiento del embarazo y continuar por varios años. Entonces, en forma muy sutil, los padres pueden pasar de la primera a la segunda etapa del agotamiento, la cual se caracteriza por dudas persistentes. A estas alturas, quizá sepan que algo marcha mal, pero no se dan cuenta de la velocidad con que pierden terreno. A menudo se sienten irritados por sus hijos y muchas veces les gritan. Con bastante frecuencia se encuentran agotados y fatigados por completo. Una escala completa de síntomas psicosomáticos puede ir y venir, incluyendo dolores de espalda y cuello, malestares estomacales, úlceras y colitis, tensión sanguínea alta, dolores de cabeza, diarrea y estreñimiento. Sin embargo, el individuo tal vez se pregunte: *¿Por qué me siento de esta manera?* Jack, el autor de la carta en el capítulo anterior, es un ejemplo clásico de este tipo de padre.

¿Qué sucedería si Jack y su esposa no encontraran cierto tipo de alivio? Bueno, por fortuna, su bebé no siempre les dará tanto trabajo. Aun así, les esperan los años cuando el bebé comience a caminar, y siempre existe la posibilidad de otros bebés. Si continúan dando sin recibir, van a pasar de la segunda etapa del agotamiento a la tercera.

Etapa de transición

De acuerdo con Procaccine y Kiefaber, esta es la fase más crítica. La llaman la *etapa de transición* porque durante este período casi siempre se toman decisiones que determinarán el bienestar de la familia para los años que vienen. O reconocerán el camino en bajada por el que van y harán cambios para comenzar a marchar en sentido contrario, o seguirán hundiéndose camino hacia el caos.

Lo que se siente durante esta tercera etapa es una fatiga indescriptible, condenación propia, mucho enojo y resentimiento. Por primera vez, los padres en esta situación culpan a sus hijos por su descontento. Una de las razones por las que estaban tan entusiasmados por ser padres era su expectativa idealista de cómo son los hijos. En realidad, no sabían que los niños pequeños casi siempre exigen mucho, son egoístas, desordenados, perezosos y rebeldes. ¡No se suponía que fuera de esta forma! Es más, esperaban que sus hijos suplieran las necesidades *de ellos* en cuanto al amor y al aprecio. En cambio, es ¡dar! ¡dar! ¡dar! para los padres, y ¡dame! ¡dame! ¡dame!

para los hijos. La depresión y las lágrimas son visitantes de todos los días.

La mente humana no tolerará ese nivel de agitación por mucho tiempo. Procurará protegerse de más dolor. Como se dijo antes, esta etapa de transición conducirá a una de dos cosas: cambios provechosos o autodefensa destructiva. Esto último ocurre en la cuarta etapa, a la cual los autores llaman *etapa de separación*. El individuo se separa de la familia y se hace «inaccesible» a sus hijos. La madre tal vez ni siquiera los escuche, aun cuando le den tironcitos a su falda y le rueguen para obtener su atención. Ella quizá caiga en el alcoholismo o abuso de drogas o de calmantes a fin de amortiguar aun más sus sentidos. Si se ve forzada a lidiar con accidentes menores y algunas cosas que irritan de la niñez, como la leche derramada o pegamento en la alfombra, tal vez reaccione con violencia y castigue desquiciadamente. El maltrato infantil se encuentra tan solo a un paso. Ocurre miles de veces todos los días en la mayoría de los países occidentales.

Si se le preguntara qué siente, una madre en la cuarta etapa del agotamiento dirá algo así: «No puedo lidiar con mis hijos en este momento». Aconsejé a una mujer en esta situación que me dijo al referirse a sus hijos: «Están todo el día pisándome los talones rogándome que les dé esta u otra cosa, pero le diré que los aparto de mi lado. ¡No voy a permitir que destrocen mi vida!». Era un cartucho de dinamita vivito y coleando que esperaba que alguien lo encendiera. Las personas que llegan a esta etapa no solo se apartan de sus hijos, sino que tienden a aislarse también de sus cónyuges y de otros familiares. Por lo tanto, al estar extenuados de manera física y psicológica, sintiéndose muy culpables, inundados de odio a sí mismos y desilusionados con la vida, estos padres descienden a la quinta etapa del agotamiento.

Los autores Procaccini y Kiefaber llaman *desencanto crónico* a la etapa final. Se caracteriza por la confusión y la apatía. En esta etapa el individuo ha perdido todo el significado y propósito de la vida. La identidad es borrosa. Las semanas pueden pasar sin nada importante que recordar. El deseo sexual ha desaparecido y el matrimonio se encuentra en serios problemas. La persona puede tener pensamientos continuos de suicidio, de que se está volviendo loca o de huir de la situación. Es claro que este individuo necesita consejería con desesperación y un cambio radical de estilo de vida. Si nada cambia, ninguna de las generaciones volverá a ser la misma jamás.

¡Y todo esto es tan innecesario!

La confusión de criar hijos

Ahora démosle una mirada más de cerca al hogar típico de hoy en día. Tal vez nunca llegue a las etapas finales del agotamiento que acabamos de describir. La vida es dura, pero no es *tan* dura. Sin embargo, usted puede pasar los años de crianza de los hijos en un estado de fatiga y estrés general, que tal vez se pudiera catalogar como la segunda etapa. Llenará sus días de chatarra... responsabilidades innecesarias y compromisos que no proporcionan beneficios duraderos. Se malgastarán recursos valiosos de energía en lo que solo *parece* importante en el momento. Por consiguiente, sus años en la crianza de sus hijos pasarán en confusa irritación y frustración.

¿Cómo puede saber si esto le ocurre aun ahora? Pues bien, una pauta bastante segura es si continuamente grita, se queja, amenaza, castiga, critica y regaña a sus hijos. Hay una manera mejor de criar a los hijos, y comienza con la disminución de la velocidad.

Sé que no es fácil implementar un estilo de vida más lento. Los compromisos anteriores se deben cumplir. Se deben enfrentar las presiones financieras. Muy pocas veces su patrón le *pregunta* si quiere aceptar una tarea nueva. Su negocio fracasaría sin su supervisión. Sus pacientes no tienen otro doctor al cual acudir. El estudio bíblico de mujeres en la iglesia está contando con su liderazgo. Parece que no hay un lugar para detenerse.

Además, ¿no hace todo el mundo lo mismo? Por supuesto que sí. Casi todas las personas que conozco marchan a un ritmo acelerado. Mi doctor, mi abogado, mi contador, mi ayudante de mantenimiento, mi mecánico, mi pastor, la mamá que vive en mi cuadra. Hay sudor simbólico en la frente de casi todos los hombres y mujeres en los Estados Unidos.

La mayoría de estos padres y madres admitirán que están demasiado ocupados trabajando muy duro, pero surge una respuesta interesante cuando se presenta este asunto. Se han convencido de que este exceso de compromisos es un problema *temporal*.

«Bueno, este es un año difícil, ¿sabe?, porque recibo clases nocturnas y tengo que ganarme la vida al mismo tiempo. Pero no siempre va a haber este ajetreo en nuestro hogar. Calculo que obtendré mi título dentro de un año en junio. Entonces las presiones serán menos intensas».

o...

«Mi esposo y yo acabamos de comprar este negocio, y necesitaremos un año para ponerlo en marcha. Entonces podremos contratar la ayuda que necesitamos. Sin embargo, hasta entonces tenemos que trabajar de diez a doce horas diarias. Eso nos quita bastante tiempo con la familia, pero no va a durar mucho».

o…

«Nos acabamos de mudar a una casa nueva, y tuve que trabajar en el jardín y construir un cuarto al fondo. Todo los sábados y la mayor parte de las noches las invierto en ese proyecto. Mi hijo me pide a cada momento que vaya con él a volar una cometa o que vaya a pescar o alguna otra cosa, y me encantaría hacerlo. Le digo una y otra vez que si puede esperar hasta el próximo verano, tendremos mucho tiempo para hacer esas cosas».

o…

«Tuve un bebé hace dos semanas y todavía no duerme toda la noche, así que nuestro horario es toda una locura ahora. Pienso que será un poco difícil hasta que lo pongamos en la guardería».

La mayoría de las personas le pueden decir sin pestañear que las presiones que sienten son el resultado de circunstancias temporales. Su futuro será menos agitado. Llegará un día en que se hagan las cosas con más lentitud. Una luz brilla al final del oscuro túnel.

Es lamentable, pero su optimismo casi nunca es justificado. He observado que pocas veces llega el esperado período de tranquilidad. En cambio, esas presiones de poca duración tienen una forma de intercalarse una con otra, de modo que las familias salen de una crisis para entrar directamente a otra. Por lo tanto, vivimos toda la vida en el carril rápido, lanzándonos a gran velocidad por el camino de los ataques al corazón y otras enfermedades catastróficas. Nos hemos engañado creyendo que las circunstancias nos han forzado a trabajar demasiado y a realizar excesivas actividades cuando, en realidad, recibimos el impulso desde *adentro*. Nos falta la disciplina para limitar nuestros enredos con el mundo, escogiendo en su lugar que nos domine el trabajo, nuestros deseos materialistas, nuestros pasatiempos y lo que parecen ser obligaciones inevitables.

Solo diga no

La vida no tiene que ser de esta manera. El hábito de aceptar demasiados compromisos se puede romper con el uso de una palabrita: No.

Tal vez esté pensando: *No es tan simple*. Necesito *ese ascenso para avanzar en mi campo*... Necesitamos *el dinero extra de mi segundo trabajo*... Necesito *la tranquilidad que experimento cuando voy de compras o juego golf los fines de semana*... y ¿*qué pensará la Asociación de Padres y*

Maestros o la junta de la iglesia si dejo de trabajar como voluntario?

Y quizá necesite continuar con la mayoría de las actividades que llenan sus días. Sin duda, cada una de ellas tiene valor. Con todo, le reto a que piense por unos momentos antes de responder a la próxima petición para dirigir la obra de teatro de la escuela, o al aceptar esa tarea que le requerirá tiempo extra para impresionar a su jefe.

El apóstol Pablo escribió que debemos decir no a «la impiedad y las pasiones mundanas. Así podremos vivir en este mundo con justicia, piedad y dominio propio» (Tito 2:12). El dominio propio comienza con decir no al frenesí de la vida, y sí a una existencia más ordenada.

El dominio propio comienza con decir **no** al **frenesí** de la vida, y **sí** a una existencia más ordenada.

Ponga primero a la familia

Quizá pregunte: ¿Cómo es un hogar ordenado? Pues bien, tal vez incluya un padre o una madre que esté en casa para recibir a sus hijos en la tarde al regresar de la escuela... una familia que cene junta la mayoría de las noches y que tenga un tiempo para hablar de cómo le fue en su día... hijos que ayuden a sus padres con regularidad a mantener la casa mediante tareas específicas... madres y padres que separen tiempo los fines de semana para hablar, jugar y simplemente «estar» con sus hijos... padres que estén en casa en la noche para acostar a sus hijos. Tal vez parezca un cuadro idealista, pero casi todo es posible para los que se proponen hacer algo.

Hay señales alentadoras de que un número cada vez mayor de familias están descubriendo el valor de decir no y de tomar control de sus horarios. Conforme a un informe del Buró del Censo de los Estados Unidos del año 2001, cincuenta y cinco por ciento de las mujeres con hijos menores de un año pertenecían a la fuerza laboral en junio del año 2000, bajando de cincuenta y nueve por ciento en el año 1998. Eso representó la primera vez que bajó en veinticinco años[5].

Mientras tanto, un estudio del año 2000 realizado por *The Harford Institute for Religion Research* mostró que setenta y un por ciento de los hombres que asisten a la iglesia informaron «que habían estado disminuyendo las horas» en el trabajo durante los dos años previos para pasar más tiempo con sus familias[6]. Esto se hizo eco de las conclusiones de un estudio de la Universidad Cornell a finales de los años de 1990, el cual mostró que tres cuartas partes de las parejas de la clase media al norte del estado de Nueva York redujeron sus compromisos de trabajo por el bien de sus familias y a fin de tener más tiempo discrecional[7].

Sí, reducir las oportunidades de una carrera profesional y otros compromisos es un sacrificio. Sin embargo, el tomar un poco más de tiempo para realizar sus sueños no daña. Recuerde que Satanás, quien una vez intentó tentar a Jesús con la «autoridad y el esplendor» de este mundo (Lucas 4:6), va a tratar de hacer lo mismo con usted. Hará todos los esfuerzos posibles para llenar su día con placeres y tesoros temporales a fin de tentarlo a que se aleje de su familia. Entonces, cuando está tan ocupado con actividades «importantes» que no le queda tiempo para su esposa o hijos, es una victoria para el diablo. ¡No lo escuche!

El primer paso para realizar un cambio es orar por cada decisión que lo separará de manera física o emocional de su familia. A continuación esté listo para utilizar la palabra *no*. El tiempo y la energía son recursos valiosos que, una vez que se pierden, nunca se pueden recuperar. Usemos estos recursos de manera que forjen alegres recuerdos eternos para los seres queridos que se encuentran bajo nuestro techo.

Solución #2

Solo diga «No» a los compromisos excesivos

- Pregúntele a su cónyuge: «¿Estás experimentando el agotamiento de los padres?». Si uno de los dos responde sí, decida en qué etapa se encuentra y hablen sobre lo que pueden hacer al respecto.

- Durante el mes próximo, cuando alguien le pida que acepte un nuevo compromiso, trate de decir no en lugar de decir sí. Al final del mes, observe los efectos que eso ha tenido en usted y en su familia.

- Haga una lista de todos los compromisos actuales de su familia; a continuación llévelos en oración al Señor y pregúntele si se debería eliminar alguno.

Haga más con menos

«La vida de una persona no depende
de la abundancia de sus bienes».

LUCAS 12:15

¿Le gustaría saber lo que los estadounidenses piensan del dinero y las cosas inservibles que compra ese dinero? Encienda el televisor cualquier día de la semana y observe a los concursantes competir por dinero y premios en programas tales como *La rueda de la fortuna, El precio justo* o *¿Quiere ser millonario?* Aunque esos programas quizás hayan pasado a la historia cuando lea estas palabras, habrá otros que ocuparán su lugar. Observe a los chiflados mientras saltan en el aire, echan espumarajos por la boca y se agarran de la ropa del anfitrión del programa. Fíjese en los ojos dilatados y sus orejas rojas. Es una lamentable condición conocida como *codicia de programas de televisión para ganar dinero*, y los que la contraen se pueden encontrar en pleno camino al agotamiento.

¿Cómo es que sé tanto en cuanto a la codicia de los programas de concurso de la televisión en los que se puede ganar dinero? ¡Lo sé por experiencia propia! Allá por el año de 1967, mi encantadora esposa se las arregló para llevarme al programa *Hagamos un trato*. Shirley se puso pájaros de juguete sobre la cabeza y la blusa, y yo llevaba un cartel que decía: «Mi esposa no vale nada». Bien gracioso, ¿no es verdad? Sin embargo, fue lo bastante bueno para el anfitrión, Monty Hall, y nos eligieron como concursantes afortunados. Nos colocaron en dos asientos en el frente, cerca de las cámaras, pero comenzaron el programa usando a otros incautos.

Mientras estaba sentado en la fila de los concursantes, pensaba: *¿Qué hago aquí con este tonto cartel?* No podría haberme sentido más escéptico en cuanto al asunto. Al final, Monty nos llamó y esperamos el veredicto.

«Aquí, detrás de la Puerta #1 hay... ¡UN AUTOMÓVIL NUEVO!» (la audiencia se enloqueció de emoción).

De pronto sentí una contracción en la boca del estómago. Se me hizo agua la boca y el corazón comenzó a latirme con fuerza a ambos lados del pecho. Allí, en ese escenario, estaba el automóvil de mis sueños: un Camaro nuevo. El deseo comenzó a subirme por la garganta y se quedó pegado en la zona de la nuez de Adán. Mi respiración se volvió irregular y poco profunda, lo cual fue otra clave inconfundible. Había caído presa de la codicia que producen los juegos en los que se puede ganar dinero.

Para entender esta reacción, tendría que saber que yo había sido dueño de varios de los peores automóviles en la historia del automovilismo. Mientras asistía a la universidad, conduje un Mercury del año 1949, que tenía asientos eléctricos, ventanillas eléctricas, capota eléctrica, todo eléctrico... pero no tenía la potencia para hacerlos funcionar. Subía las ventanillas en el invierno y las bajaba en el verano, y allí se quedaban, a pesar de las diferencias en la temperatura.

Shirley, que en ese entonces era mi novia, me debió haber amado mucho para haber tolerado aquel automóvil. Ella lo *odiaba*. El asiento delantero tenía un resorte de mal genio, que rasgó sus vestidos y le arañó la piel. Otra cosa era que mi Viejo Rojo (como lo llamaba), no siempre decidía marchar. Shirley pasó más de una noche al volante de ese montón de chatarra guiándolo mientras yo lo empujaba por atrás. ¡Eso hería mi orgullo de universitario!

El golpe supremo ocurrió poco después de graduarnos de la universidad. Nos habían invitado a presentarnos a entrevistas de trabajo importantes, y nos vestimos para la ocasión con nuestra ropa dominguera. Allí estábamos, yo con mi traje y corbata, ella con sus zapatos de tacones altos y medias de nailon, marchando a cien kilómetros por hora en mi viejo automóvil, cuando la capota salió volando. Pedazos de la capota, llenos de polvo, nos pegaron en el rostro mientras el resto volaba detrás del automóvil como la capa de Superman. La armazón de la capota sobresalía a mayor altura que nuestras cabezas, y parecía las barras de protección de un auto de carreras. ¡Y podrán creer que Shirley se enojó conmigo por dejar que sucediera eso! Se agachó en el piso del automóvil, criticándome por tener un vehículo tan destrozado. Es un milagro que nuestra relación haya sobrevivido esa tarde tan llena de emociones.

Aunque me deshice del Viejo Rojo mucho antes de la experiencia de *Hagamos un trato*, nunca había tenido un automóvil nuevo. Todo el dinero que tenía lo usé para pagar las cuentas de la Universidad del Sur de California donde yo estudiaba para conseguir mi doctorado, el cual obtuve dos meses antes de mi aventura televisiva.

Esto explica mi reacción al hermoso automóvil detrás de la Puerta # 1.

«Todo lo que tiene que hacer para ganar este automóvil», me dijo Monty, «es decirnos el precio de estos cuatro artículos». Shirley y yo acertamos en los primeros tres, pero la suerte se nos dio vuelta en el número cuatro. Era una aspiradora portátil Hoover, que costaba cincuenta y tres dólares. Nosotros teníamos que adivinar el precio dentro de una diferencia de tres dólares, según recuerdo. Consultamos el uno con el otro durante la pausa comercial, e intentamos adivinar diciendo ciento ocho dólares.

«Lo siento», dijo Monty Hall. «Perdieron. Sin embargo, llévense la aspiradora y los tres dólares que ganaron en los otros artículos misteriosos. Y gracias por jugar en *Hagamos un trato*».

De regreso a casa, Shirley y yo hablamos sobre la forma en que manipularon nuestras emociones en esa situación. Ambos experimentamos una codicia increíble, y ese sentimiento fue desagradable. El materialismo puede ser la forma de vida estadounidense, pero el deseo desenfrenado por el dinero y las posesiones puede dejar a cualquier familia con agotamiento... financiero, físico y emocional.

El **deseo** desenfrenado por el dinero y las posesiones puede dejar a cualquier familia con agotamiento... financiero, físico y **emocional**.

La afluencia

Para muchos hombres y mujeres, a menudo la motivación subyacente detrás de sus ambiciones profesionales es el deseo de tener más: más dinero para comprar más cosas. Ser dueños de casas y automóviles mejores y más grandes, tener ropa de última moda, o los aparatos para la cocina o el equipo estereofónico más avanzados, sin embargo, no les traerá la felicidad, y el tiempo y la energía usados para adquirir y mantener esas posesiones casi siempre vienen a expensas de la familia. Por algo las Escrituras declaran que «el amor al dinero es la raíz de toda clase de males» (1 Timoteo 6:10).

La organización *Human Resources Professionals* informa que casi cuarenta por ciento de la fuerza laboral en los Estados Unidos pasa por lo menos cincuenta horas semanales en el trabajo[8]. Muchas de estas personas son padres y madres que trabajan horas extra para tan solo cubrir sus gastos mensuales de hipotecas, préstamos para automóviles y deudas de tarjetas de crédito. Somos una nación de gastadores: los consumidores estadounidenses deben alrededor de mil setecientos billones de dólares en deudas en tarjetas de créditos y otras deudas[9].

Tal vez otra estadística igual de alarmante sea la que proporcionó la cadena de televisión pública PBS en un programa llamado «Affluenza». Declaró que el ciudadano estadounidense promedio pasa seis horas a la semana haciendo compras y solo cuarenta minutos jugando con sus hijos[10].

¿Ve adónde lleva este patrón? El deseo de adquirir riquezas y posesiones nos lleva a trabajar con más ardor y más horas en la oficina, robándonos energía y tiempo. Aun el acto de ir a la tienda y gastar todo ese dinero que nos ha costado tanto esfuerzo ganar lleva tiempo que se podría haber pasado con su cónyuge y sus hijos. Es un círculo vicioso extenuante y no termina cuando se hace una compra.

El precio de ser dueño

Puede decirse con certeza que, al final, todo lo que posee lo poseerá a usted. Recuerdo que experimenté la verdad de este proverbio cuando me mudé a una oficina nueva hace algunos años. Un decorador de interiores vino y me sugirió que colocara algunos artículos decorativos en mi oficina. Entre sus ideas estaba la de que comprara un reloj de pared que diera campanadas. El costo era de casi doscientos dólares y no lo quise comprar. Sin embargo, habló con Shirley y ambos me convencieron de que no era posible vivir sin ese reloj. Entonces, ¿qué debía hacer yo?

El decorador de interiores me compró el reloj y lo colocó en un lugar bien visible en la pared. Funcionó a la perfección por unos dos meses y luego se descompuso repentinamente. Las campanas no sabían la hora y comenzaban a sonar en forma indiscriminada en cualquier momento del día. Eso me irritó y comencé a buscar la garantía del reloj en los archivos. El reloj tenía que colocarse en la caja y llevarse al taller de reparaciones. Lo fuimos a recoger cinco días más tarde y lo colgamos de nuevo en la pared.

Un mes después, las campanas se estropearon nuevamente. Se tenía que repetir todo el proceso de reparación del reloj. Y así se hizo. Ya hace más de veinte años que compré ese inservible reloj y nunca ha trabajado bien por más de seis meses seguidos. Una y otra vez he pasado por la rutina de «reparación». Les digo con toda sinceridad que ese reloj está colgado en la pared de mi oficina hoy sin hacer ruido. Se ve bonito, pero no da la hora. Me di por vencido con el técnico.

Esa no fue la primera vez que me arrepentí de haber comprado algo. Una vez ordené un juego de columpios para mis hijos, idéntico al brillante modelo que había visto en la tienda. Sin embargo, lo que llegó fue una caja larga que contenía unos 6,324 tubos; 28,487,651 pernos, 28,487,650 tornillos y un juego de instrucciones que habrían confundido al mismo Albert Einstein. Durante los dos días siguientes sudé tratando de ensamblar las piezas torcidas, las piezas que faltaban y las piezas de un automóvil Ford 1948 que habían puesto para confundirme. Al final, quedó terminada la tambaleante construcción.

Recibí otro choque cuando leí la última línea impresa en la parte de atrás de las instrucciones: «Por favor, apriete todos los pernos en este aparato *cada dos semanas* para garantizar la seguridad y la durabilidad». Ahora tenía que dedicarle un sábado cada quince días a este monstruo de lata o ¡se tragaría a mis hijos!

¿Entiende lo que me costó el ser dueño del reloj y del juego de columpios? A mí se me ha asignado un número específico de días en esta tierra. Cualquiera que sea la duración de mi vida, he pasado un porcentaje precioso de esos días esclavizado por esos y otros miles de artefactos. Eso es lo que nos hacen las posesiones materiales. Quiero decirles a todos ustedes, a los que les encantan los botes, a los aficionados a los automóviles o a los dueños de edificios de apartamentos que están por allí... lo que sea de lo que son dueños... han canjeado su tiempo para comprar esos artículos y ahora deben sudar para mantenerlos. Ese el precio de ser dueño. Esa es nuestra forma de vida. Lo lamento.

Castillos vacíos

La insensatez del materialismo se me hizo nuevamente muy real durante un viaje a Gran Bretaña hace años. Mientras hacía una gira por los museos y los edificios históricos, me impresionó mucho lo que llamo «castillos vacíos». Erguidos allí en la solitaria niebla había edificios construidos por hombres orgullosos que pensaron que eran sus dueños. ¿Pero dónde están esos hombres ahora? Todos murieron; la mayoría están olvidados. Los castillos vacíos que dejaron atrás se levantan como monumentos a la transitoriedad del hombre y a su indiferencia hacia las cosas que importan de verdad.

«La obsesión por las posesiones» es una cuesta abajo resbalosa que puede llevar a una avalancha. Los atrapados en el derrumbe están cada vez más insatisfechos y siempre encontrarán cada vez más cosas por las cuales preocuparse. Como escribió Salomón una vez: «Al rico sus muchas riquezas no lo dejan dormir» (Eclesiastés 5:12).

La alternativa es rechazar el materialismo, hacer más con menos y depender de Dios para que supla sus necesidades. Establezca un presupuesto familiar y manténganse dentro de límites estrictos de gastos. Cuando sea posible, compre las cosas en efectivo. Una vez que determine cuánto gastar cada mes en cada categoría, convierta esas cantidades de su cheque de pago en dinero en efectivo, y divídalo en sobres marcados con «comida», «entretenimiento», etc. Cuando vaya a la tienda o al cine, use el dinero del sobre apropiado. Y cuando el sobre esté vacío, ¡deje de gastar!

También le recomiendo de manera encarecida que renueve su hábito de diezmar si todavía no lo hace. La Biblia dice: «Del SEÑOR es la tierra y todo cuanto hay en ella» (Salmo 24:1), y «Mía es la plata, y mío es el oro —afirma el SEÑOR Todopoderoso» (Hageo 2:8). En otras palabras, de cualquier manera todo el dinero es del Señor. Cuando diezma, Él bendecirá su fidelidad. Le predigo que comenzará con mayor paz mental.

Admito que no es fácil cambiar nuestras actitudes en cuanto al dinero y a las posesiones, pero las recompensas (menos estrés y más tiempo y energía para su cónyuge y sus hijos), bien valen la pena el esfuerzo.

A.W. Tozer, un brillante teólogo y autor cristiano, escribió lo siguiente en su excelente libro titulado *La búsqueda de Dios*:

> El camino para un conocimiento más profundo de Dios es a través de los solitarios valles de la pobreza del alma y de la abnegación de todas las cosas. Los bienaventurados que poseen el reino son los que han repudiado todas las cosas externas y han extirpado de sus corazones todo el sentido de posesión. Estos son los «pobres en espíritu». Han alcanzado un estado interior que es paralelo a las circunstancias exteriores del mendigo común en las calles de Jerusalén; eso es lo que en realidad significa la palabra «pobre» como la usó Cristo. Los bienaventurados pobres ya no son esclavos de la tiranía de las cosas. Han roto el yugo del opresor; y esto lo han hecho sin pelear,

sino entregándose. Aunque libres de todo sentido de posesión, poseen todas las cosas porque «el reino de los cielos les pertenece»[11].

Debemos sujetar todas las cosas con una mano abierta porque, tarde o temprano, nos las quitarán.

¿Con estas palabras quiso decir Tozer que es pecaminoso poseer alguna cosa, que seguir a Dios con pasión requiere que seamos como la gente de la calle que no posee un automóvil bueno o que no vive en un vecindario seguro? Por supuesto que no. Lo que está diciendo es que no debemos dejar que las cosas nos posean y que se conviertan en el foco central de nuestras vidas. Debemos sujetar todas las cosas con la mano abierta porque, tarde o temprano, nos las quitarán.

Jesús lo dijo de manera aun más gráfica:

«No acumulen para sí tesoros en la tierra, donde la polilla y el óxido destruyen, y donde los ladrones se meten a robar. Más bien, acumulen para sí tesoros en el cielo, donde ni la polilla ni el óxido carcomen, ni los ladrones se meten a robar. Porque donde esté tu tesoro, allí estará también tu corazón».

MATEO 6:19-21

¿Se adueñan las cosas de usted?

Solución #3

Deshágase del deseo de adquirir

- ¿Está enfermo con la «obsesión de poseer»? Si es así, ¿qué puede hacer para cambiar?

- Si todavía no tiene un presupuesto familiar, trate de anotar todo lo que gasta durante el siguiente mes. Tal vez le sorprenda ver a dónde va su dinero.

- Lea Mateo 19:21 y Malaquías 3:8-10 en la Biblia. Converse con su cónyuge sobre lo que esto significa para su familia.

Mantenga el equilibrio

Y también esto es absurdo;
¡es correr tras el viento!

ECLESIASTÉS 4:4

Hemos estado hablando de padres tan enfocados en perseguir sus carreras, riquezas y otros intereses personales que están exhaustos y desconectados de sus familias. Ahora examinaremos el otro extremo del espectro: padres que están igualmente ocupados y cansados, pero por razones muy distintas.

Estoy convencido de que, en general, las madres y los padres de los Estados Unidos están entre los mejores del mundo. Cuidan de manera apasionada a sus hijos, y harán cualquier cosa para suplir sus necesidades. Sin embargo, las mismas cualidades que los capacitan para tener éxito como padres: amor, dedicación, preocupación, participación, algunas veces los llevan a extremos poco saludables.

Las mamás y los papás fervorosos están decididos a proveer toda clase de ventaja y oportunidad para la siguiente generación desde los primeros días de la infancia. Allí es donde tienen puesto el corazón. Eso es lo que más les importa. Su devoción los lleva a hacer, según ellos, pequeños sacrificios a favor de sus hijos. A menudo suspenden todas las actividades recreativas, románticas y de descanso que los harían alejarse del hogar. Hasta a los viejos amigos, con los que solían asociarse antes, ahora les dan excusas poco convincentes o no les prestan atención. *Todo* está enfocado en sus hijos.

En general, las **madres y los padres** de Estados Unidos están entre los **mejores** del mundo.

Muchas veces estos padres no están dispuestos a dejar a sus hijos con una niñera por más de unos momentos. Ni siquiera la madre Teresa calificaría para cuidar a sus hijos por una tarde. Jamás se perdonarían si algo malo les ocurriera mientras se estaban dando el lujo de disfrutar de alguna diversión o entretenimiento. Imagínense cómo se sentirían si el anunciador dijera por el sistema de altavoces: «Su atención, por favor. ¿Podrían el señor James Johnson y su esposa venir a la cabina telefónica? Su niñera necesita saber dónde está el extintor de incendios».

¡De ninguna manera! No vale la pena. Deciden quedarse en casa.

Tales padres ven la vida desde una perspectiva distorsionada. Cualquier cosa que pudiera tener la más remota influencia negativa sobre sus hijos se convierte en algo que los perturba en lo más profundo, llevándolos a una reacción excesiva y a conflictos. Por ejemplo, peleas insignificantes de niños en el vecindario, o comentarios necios de miembros de la iglesia pueden producir respuestas sorprendentemente acaloradas. ¡Y guarde Dios a la maestra de la Escuela Dominical o a la ayudante que no cumpla con su obligación!

Este enfoque compulsivo para criar a los hijos puede ser destructivo para un matrimonio, en especial cuando uno solo de los cónyuges tiene esta inclinación. Si es la madre, tal vez se entregue por completo a sus hijos y no le quede nada para el esposo. Este cree que se le pasó la mano como madre, y hasta puede resentirse con sus hijos por separarla de él. A su vez, ella desprecia el egoísmo de su esposo y se convierte en la única defensora y persona a cargo de sus hijos.

Es muy común para los padres en esta situación encontrar cada vez menos tiempo el uno para el otro. Ella se enfoca más en los hijos mientras él utiliza toda su energía en su trabajo. Los dos llegan a estar frustrados, irritados y agobiados. No salen a pasear ni leen juntos las Escrituras, ni tampoco hacen ninguna cosa diverti-da. Su vida sexual sufre porque las personas extenuadas no tienen relaciones sexuales significativas. Comienzan a apartarse y, al final, descubren que tienen «diferencias irreconciliables». Es un patrón trágico que he observado con frecuencia.

Hijos agotados

Esta forma compulsiva de criar a los hijos también puede ser dañina para el objeto de toda esta atención: el hijo. Muchos padres hoy en día extenúan a sus hijos con demasiadas actividades en las agendas. Al igual que Marta (Lucas 10:40), permiten que las ocupaciones distraigan a su familia de lo que es importante en realidad. Estas mamás y papás dedicados quieren que sus hijos experimenten todas las cosas que están disponibles, motiva-dos en parte por hacer que sus hijos sean capaces de competir con sus compañeros cuando se ofrezcan becas universitarias.

Esas son intenciones loables. ¿Pero vale la pena el precio que hay que pagar por todas las prácticas deportivas, las lecciones de canto y los recitales de danza? De acuerdo con estudios recientes, los niños estadounidenses pasan vein-tinueve horas a la semana en la escuela, más de las vein-tiuna horas que pasaban en el año 1981. La participación en los deportes organizados ha aumentado casi al doble en ese mismo período[12]. Por otro lado, el tiempo libre que tienen los niños ha decrecido a solo seis horas a la semana[13].

Para algunos niños es simplemente demasiado. Por ejemplo, la revista *Newsweek* informó que Andrea Galambos, una joven de dieciséis años, de penúltimo año de secundaria en Connecticut, era capitana de su equipo de voleibol, primera flauta de la orquesta de su escuela, una de las mejores jugadoras del equipo de tenis y una estudiante destacada que recibía honores y que pasaba tres horas haciendo tareas escolares cada noche. También tomaba lecciones de canto y de teatro después de sus clases. Como dijo Andrea: «Nunca tuve más de cinco minutos para sentarme y respirar». Al final, la joven decidió continuar con sus estudios y con el tenis, y dejar todas las demás actividades. El cambio, dijo, la dejó «aliviada por completo»[14].

Algunos padres luchan con estas tendencias poniendo límites definidos en el número de actividades en que pueden participar sus hijos. Mientras criaban a sus seis hijos, Dennis y Barbara Rainey, fundadores de la organización *FamilyLife*, tenían una regla de que sus hijos e hijas podían participar en una sola actividad a la vez. Eso los ayudó a administrar un horario que fácilmente se hubiera podido descontrolar, extenuándolos a ellos y a sus hijos.

A menudo esta tendencia en cuanto a recargar los horarios de los hijos comienza temprano en la infancia. A mí me preocupa en particular la gran cantidad de tareas para hacer en la casa que se les dan casi siempre a los niños durante los años de la escuela primaria. Se les pide a los niños pequeños que estén sentados durante seis o más horas al día haciendo tareas en la escuela. Luego toman ese agotador viaje a casa por autobús, ¿y adivine qué pasa? Los sientan a un escritorio y les dicen que hagan más tareas escolares. Para un niño lleno de energía e hiperactivo, o aun para un niño que le gusta divertirse, eso es pedirle demasiado. Para ellos aprender llega a ser una cosa muy aburrida en lugar del panorama emocionante que debería ser.

Cuando nuestros hijos eran pequeños, Shirley y yo también nos dimos cuenta de que tratábamos de hacer demasiadas cosas con el limitado tiempo que teníamos juntos. Yo quería que nuestros hijos participaran en actividades de la iglesia, que tuvieran tiempo con la familia, que todavía tuvieran tiempo para descansar y malgastar una hora o dos. Los niños necesitan oportunidades para juegos no estructurados: columpiarse, tirar piedras y jugar con una pelota de baloncesto. Sin embargo, a la hora en que terminaban las tareas escolares, ya era de noche y era hora de cenar. Luego se daban un baño y se iban a acostar. Algo no parecía marchar bien con esa clase de ritmo. Por eso negocié con los maestros de nuestros hijos, acordando en que nuestros hijos terminarían a lo máximo una hora de tareas supervisadas. ¡Eso era suficiente!

Los superpadres

Si he estado describiendo a usted y a su familia con estos inquietantes ejemplos, por favor entienda que no estoy criticando los motivos detrás de lo que se podría llamar ser «superpadres». Vale la pena *utilizar* nuestros mejores esfuerzos para criar a los hijos en forma apropiada, y yo he pasado la mayor parte de mi vida instando a los padres a que les den lo que merecen sus hijos. No obstante, aun una tarea noble y necesaria se puede llevar a tales extremos que quizá sea dañina tanto para el que da como para el que recibe. Para las mamás y los papás, la crianza obsesiva de los hijos puede a la larga conducir a peligrosos niveles de agotamiento. En el caso del hijo, existe una relación directa entre ser superpadres y la sobreprotección, una perspectiva egocéntrica de la vida y, en algunos casos, una prolongada relación de dependencia con los padres.

La crianza **obsesiva** de los hijos puede a la larga **conducir** a peligrosos niveles de **agotamiento**.

Tratar de ser superpadres es una trampa natural para quienes tenemos la fe cristiana. Arraigada en lo más profundo de nosotros hay una filosofía que se presta a criar a los hijos en forma compulsiva. La familia se encuentra cerca del primer lugar de nuestro sistema de valores, y nuestra forma de vida se enfoca en la abnegación y el compromiso a otros. Por lo tanto, ¿no parece razonable que invirtamos todos los recursos en esta tarea maravillosa? Eso es lo que nos manda nuestro Dios, ¿verdad?

Bueno, por supuesto que sí, pero me gustaría señalar que el apóstol Pablo aboga porque seamos «considerados» en todas las cosas (Filipenses 4:5, LBD). El *equilibrio* es la clave para una vida... y crianza exitosa de los hijos.

Tiempo de dar, y tiempo de escapar

Ya admití que a veces he luchado para adquirir la perspectiva apropiada entre mi profesión y mi familia. Esta tendencia a poner demasiadas cosas en mi horario fue común en particular durante la primera década de mi matrimonio. Poco a poco, sin embargo, Shirley y yo entendimos que el Señor quería que usáramos el buen juicio y el sentido común en las cosas que aceptamos hacer y en las actividades en las que hacíamos participar a nuestros hijos. Siempre habrá más cosas que valgan la pena hacer que las que una familia pueda llevar a cabo. Nos dimos cuenta de que teníamos que mantener un equilibrio saludable entre nuestro deber cristiano, nuestras responsabilidades de trabajo, la recreación, las obligaciones sociales y una vida familiar significativa.

Encontré dos referencias bíblicas que me ayudaron a aclarar este asunto. La primera se encuentra en Mateo 14:13-14: «Cuando Jesús recibió la noticia [de la muerte de Juan el Bautista], se retiró él solo en una barca a un lugar solitario. Las multitudes se enteraron y lo siguieron a pie desde los poblados. Cuando Jesús desembarcó y vio a tanta gente, tuvo compasión de ellos y sanó a los que estaban enfermos».

Sin duda, Jesús estaba afligido en ese momento por la decapitación de su primo y amigo, Juan el Bautista. Necesitaba apartarse «él solo [...] a un lugar solitario». No obstante, la gente se enteró dónde estaba, y fueron al lugar buscando su toque sanador. Aun en ese tiempo doloroso de pérdida, Jesús les tuvo compasión y ministró a los que tenían necesidades. De este pasaje saqué la conclusión de que nosotros también debemos dar de nosotros mismos aun cuando sea difícil o inconveniente hacerlo.

Sin embargo, hubo otra ocasión cuando miles de personas buscaron la sanidad de Jesús. Después de pasar un tiempo con ellas, Jesús se subió a una barca con sus discípulos y comenzaron a remar para alejarse. Marcos 4:36 dice: «Dejaron a la multitud y se fueron con él [Jesús] en la barca donde estaba». Sin duda, en la gran multitud de ese día había personas con cáncer, ciegas, con deformidades físicas y toda otra clase de dolencias humanas. Jesús se pudo haber quedado allí la noche entera para sanarlos a todos y, sin embargo, tal parece que Él había agotado sus fuerzas y necesitaba descansar.

Un acontecimiento similar se describe en Mateo 14:23 donde leemos: «Despedida la multitud, subió al monte a orar aparte; y cuando llegó la noche, estaba allí solo» (RV-60).

Al igual que hay un tiempo para dar, también hay un tiempo para estar a solas, para orar y escapar de las presiones del día, aun cuando todavía haya cosas dignas por hacer. Los que no separan un tiempo para descansar y renovarse, como lo hizo Jesús, ponen en riesgo aun las cosas buenas que quieren llevar a cabo. Esto es cierto para los padres *y* para sus hijos.

Una vez leí un artículo en el periódico *Los Angeles Times* sobre un hombre llamado J.R. Buffington. Su meta en la vida era producir limones de tal tamaño que batieran los récords con su árbol en el patio trasero de su casa. Diseñó una fórmula para lograr su meta. Fertilizó el árbol con ceniza de su chimenea, estiércol de conejos y cabras, unos pocos clavos oxidados y suficiente agua. Esa primavera, su pequeño y endeble árbol dio dos limones gigantes, uno de los cuales pesaba más de dos kilogramos. Aun así, todos los demás limones en su árbol estaban marchitos y deformados. El señor Buffington todavía está trabajando en su fórmula.

¿No es así la vida? Grandes inversiones en una tarea particular tienden a robar a otras de su potencial. Prefiero tener un árbol lleno de jugosos limones que una cosecha que bata el récord, pero que sea anormal, ¿no lo preferiría también usted? La palabra es *equilibrio*. Como padres, debemos dividir nuestro tiempo de manera apropiada entre la familia y otras actividades mientras tomamos tiempo en forma regular para descansar y renovarnos. Entonces debemos ayudar a nuestros hijos e hijas a hacer lo mismo.

Solución #4

Busque el equilibrio para su vida y la familia

- Hable con su familia. ¿Son sus vidas más como un limonero normal o como el árbol del señor J.R. Buffington? ¿Cómo lograría obtener el equilibrio en su hogar?

- Si tiende a estar tan enfocado en sus hijos que su matrimonio sufre, pídale perdón a su cónyuge con ternura. Hablen juntos sobre la forma de mantener la dedicación a sus hijos mientras aumenta la atención a su pareja.

- Mire su agenda para la próxima semana. Si está tan llena de actividades que no tiene tiempo para descansar y renovarse, vea lo que puede cambiar para proveer un «escape».

5

Apague y sintonice

*Porque a los ojos de Dios
la sabiduría de este mundo es locura.*
1 CORINTIOS 3:19

David, un hombre entre treinta y cuarenta años, no es aficionado a ver televisión. Voy a dejarle que explique el porqué.

«De muchas maneras siento que me privaron de mis padres por el invento de la televisión...», dice David. «Mientras crecía, su atención se enfocaba *siempre* en la televisión. Solo les podía hablar durante los anuncios. Todavía puedo escuchar la voz de mi madre diciendo: "Ahora no. Ya empezó el programa; espera hasta que lleguen los anuncios". Otras veces mi papá me regañaba: "¿No ves que estamos tratando de ver la televisión?"».

David ahora vive en Japón. Cuando regresó a su hogar hace poco para visitar a sus padres, se dio cuenta de que muy poco había cambiado.

«Estaban sentados allí hipnotizados por la televisión», dijo David. «Sentí que me veían como una distracción a su rutina de ver la televisión. Me sorprende la forma en que escogieron perderse la verdadera comunicación con su hijo, a quien no ven a menudo, a favor de ver la televisión»[15].

Es lamentable, pero la descripción que presenta David de sus padres es común. A decir verdad, con la proliferación del uso de las computadoras, la Internet, los juegos de vídeo, los DVD y los vídeos, el tiempo que toda la familia pasa frente a la pantalla de los videos de un tipo u otro nunca ha sido mayor que ahora.

¿A cuánto tiempo nos referimos? De acuerdo con la revista *Business Week*, los estadounidenses tienen un promedio diario de nueve horas y media de ver televisión, ir al cine, alquilar vídeos, leer revistas, escuchar música o navegar por la Internet[16]. ¡Es increíble, pero eso asciende a un total de sesenta y seis horas y media dedicadas a los medios de comunicación a la semana! Suponiendo que dormimos ocho horas cada noche, estos datos muestran que alrededor de sesenta por ciento de las horas que pasamos despiertos se dedican a estos proveedores pasivos del entretenimiento, la comunicación y la información.

Alrededor de **sesenta** por **ciento** de las horas que pasamos **despiertos** se dedican a estos proveedores del **entretenimiento pasivo**, la comunicación y la información.

Es una adicción familiar. Los días entre semana, los adolescentes entre los trece y diecisiete años de edad ven la televisión cuatro horas diarias[17]. El hábito aun alcanza hasta los niños en edad preescolar. Los niños cuyas edades están entre seis meses hasta seis años, dedican alrededor de dos horas al día a ver la televisión, jugar juegos de vídeo o usar computadoras. Esa es más o menos la misma cantidad de tiempo que emplean jugando al aire libre, y tres veces más que el tiempo que pasan leyendo o con alguien que les lean[18].

Estas son tendencias alarmantes. Como nación, dedicamos enormes cantidades de un recurso muy valioso: nuestro tiempo, a actividades que a menudo proveen poco beneficio excepto una distracción temporal de los problemas del día. No es de extrañarse que tengamos tan poco tiempo para hacer todas las cosas; pasamos la mayor parte de nuestros días sentados en un sofá mirando una pantalla de televisión o de computadora.

Esta obsesión les ha permitido a los medios de comunicación dictar nuestros horarios y aislarnos los unos de los otros. Es una razón principal del resquebrajamiento de las familias hoy en día. Los esposos y las esposas no tienen tiempo el uno para el otro, y muchos casi ni conocen a sus hijos. Aun cuando tomamos tiempo para estar con nuestros seres queridos, nuestro tiempo a menudo está tan ocupado con múltiples tareas que la experiencia es más acelerada que saludable.

El encuestador George Barna ha observado esta tendencia en los adolescentes. Escribió: «En esta época, es cada vez menos común que un adolescente dedique su tiempo a la exclusiva comunicación con los miembros de su familia. La mayor parte del tiempo que pasan con su familia es lo que se podría llamar "familia y tiempo": familia y televisión, familia y cena, familia y tareas escolares, etc. La vida de cada miembro de la familia está casi siempre tan llena de actividades que la oportunidad de pasar tiempo llevando a cabo actividades singulares (hablar sobre la vida, visitar lugares especiales, jugar juegos de mesa y compartir investigaciones espirituales), tiene que colocarse en la agenda con antelación. Pocas personas lo hacen»[19].

Toma tiempo forjar una relación, ya sea con un mejor amigo, su cónyuge o su hijo o hija. Los momentos que atesorará más no ocurren durante una actividad programada, sino en la libertad de tiempo juntos sin presiones y sin estructura.

El autor de Hebreos escribió: «No dejemos de congregarnos, como acostumbran hacerlo algunos» (Hebreos 10:25). Se refería de forma específica a la comunión con los creyentes, pero se ajusta de igual manera a la comunión con familiares y amigos. Esto es lo que nos perdemos cuando pasamos hora tras hora pegados al televisor o a la computadora.

Además, cuando los padres están íntimamente involucrados con sus hijos durante los años de la adolescencia, y cuando su relación lleva a una vida familiar activa, es menos probable que ocurran comportamientos rebeldes y destructivos. El doctor Blake Bowden y sus colegas del Hospital Infantil de Cincinnati estudiaron a quinientos veintisiete adolescentes para averiguar qué características de la vida familiar se relacionaban con la salud mental y la adaptación. Sus hallazgos fueron significativos.

Los adolescentes cuyos padres cenaban con ellos cinco veces o más a la semana eran los menos propensos a tomar drogas, a estar deprimidos o a meterse en problemas con la ley. Eran más proclives a estar bien en sus estudios y a rodearse de un círculo de amigos que los apoyaban. En contraste, los adolescentes mal adaptados cenaban con sus padres tres veces o menos a la semana. Lo que muestra el estudio del doctor Bowden es que a los hijos les va mucho mejor en la escuela y en la vida cuando pasan tiempo con sus padres, y en específico, cuando se reúnen casi todos los días para la conversación y la interacción[20].

La locura de MTV

Desde luego, los medios de comunicación hacen más que robarnos el tiempo. Los efectos dañinos de mirar la televisión contemporánea, de las películas y los juegos de vídeo están bien documentados. Uno de los estudios más concluyentes lo llevó a cabo hace años el doctor Leonard D. Aaron. Examinó a un grupo de niños de ocho años de los Estados Unidos, Australia y Finlandia, luego a los diecinueve años y una vez más a los treinta. El resultado fue el mismo: Mientras los participantes de ocho años veían con más frecuencia programas violentos de televisión, más propensos eran a que los condenaran por crímenes a los treinta años de edad, y más agresivo era su comportamiento cuando tomaban bebidas alcohólicas[21]. De manera similar, dos estudios recientes revelaron que exponerse a juegos de vídeo violentos aumentaba el comportamiento agresivo tanto a corto como a largo plazo[22].

También la música popular de hoy tiene a menudo un impacto negativo en los susceptibles oyentes. Los artistas de música rock son los héroes, los ídolos que los jóvenes quieren imitar. Cuando estos modelos a imitar se presentan en papeles violentos y sexuales, a muchos adolescentes y preadolescentes los arrastran junto con ellos.

¿Qué podría ser sano en cuanto a mostrar escenas sexuales explícitas, en especial las que involucran perversión, a jovencitos de doce y trece años de edad? Sin embargo, los vídeos musicales entran a nuestros hogares por medio de MTV y otros canales que presentan a hombres y mujeres en situaciones sexuales sin ningún recato, o inclusive en representaciones de sadismo. Hace poco, a una de las «estrellas» de MTV se mostró zarandeándose de cabeza en un inodoro portátil; el hombre se comió un pececito de colores y luego lo vomitó en un tazón. Una dieta constante de esta basura contaminará hasta las mentes de los adolescentes más sanos.

Si todo un desconocido llegara a su puerta y le dijera: «Se ve cansado. ¿Por qué no deja que le cuide a sus hijos por un día o dos?». Dudo que su respuesta fuera: «Qué idea tan fantástica. Entre a mi casa». No obstante, eso es en realidad lo que hacen miles de padres cuando les permiten a sus hijos acceso ilimitado a la televisión, sin averiguar la calidad de los programas, las películas, los juegos de vídeo, la Internet, la música de los discos compactos y los DVD. Es algo que cada vez es más peligroso.

Póngale fin a la locura de los medios de comunicación

Entonces, ¿cómo debemos responderles a estos «desconocidos», inocentes en apariencia, que no solo nos roban el tiempo, sino que también tratan de alterar los valores de nuestra familia? ¿Es posible siquiera ejercer influencia en nuestro ambiente con la cultura actual de «todo se acepta»?

La respuesta es sí. *Existen* soluciones. Sin embargo, hace falta emplear uno de los frutos del Espíritu descrito por el apóstol Pablo: el dominio propio (Gálatas 5:23).

Si a su familia la domina la locura de los medios de comunicación, puede cambiar ese patrón estableciendo un sistema que ponga límites razonables al consumo de tiempo de su familia en dichos medios. Por ejemplo, en cuanto a la televisión, primero puede sentarse con sus hijos y llegar a un acuerdo en cuanto a una lista de programas aprobados que sean apropiados para cada edad. Luego escriba a mano o a máquina esa lista y colóquela en un sobre de plástico transparente para que puedan referirse a ella durante la semana.

Segundo, compre o haga un rollo de boletos. Dele a cada niño diez boletos a la semana, y deje que los use para «comprar» el privilegio de ver los programas de la lista de programas aprobados. Cuando se les acaben los boletos, la televisión también se acabó por esa semana. Esto le enseña a un niño a tomar en cuenta lo que ve. Un máximo de diez horas de televisión a la semana quizá sea un buen punto de partida, dependiendo de la edad del niño.

Este sistema también se podría aplicar a los juegos de video, a navegar en la Internet o a escuchar música. La idea es poner límites definidos a los minutos o las horas que sus hijos pasan con los medios de comunicación, restringiendo la influencia de los mismos y creando más tiempo para el resto de sus vidas.

La verdadera prueba, desde luego, es si usted como padre tiene el valor y la persistencia para adoptar el mismo sistema. Si lo hace, le dará un buen ejemplo a su familia y descubrirá tiempo que nunca se dio cuenta de que tenía para descansar, realizar sus tareas y disfrutar de estar con sus hijos.

Otro enfoque es el que recomienda Bod DeMoss, autor del libro *TV: The Great Escape*. Aconseja a sus lectores que rompan malos hábitos desconectando sus televisores por treinta días. He aquí algunos comentarios de padres que lo probaron:

«Para mí, el mayor regalo de tener apagado el televisor ha sido el tiempo. El tiempo para que mis hijos disfruten de una merienda sin apuros después de llegar de la escuela y luego de hacer sus tareas escolares en lugar de hacerlas deprisa antes o después de sus programas favoritos de televisión. El tiempo que se ha creado porque duermo más y por lo tanto son más productivas las horas que paso despierto. El tiempo para saborear y aprovechar al máximo las últimas semanas del verano. El tiempo para que nuestros hijos jueguen juntos. El tiempo para que sus imaginaciones se desarrollen y se expresen en forma creativa».

Debbie, Austin, Texas

«Hoy envié un montón de cartas. En realidad, me encanta escribir. La gente me ha preguntado recientemente de dónde saco el tiempo [...] En verdad, he notado cuánto puedo hacer por la mañana ahora que no estoy vegetando frente a la pantalla del televisor».

Jennifer, Pottstown, Pensilvania

«No voy a dejar que entre otra vez la televisión a mi hogar [...] No tengo ni idea de cómo podría hacer todas las cosas si tuviera de nuevo el televisor en mi hogar».

Kimberly, Sharon Hill, Pensilvania[23]

Aun los padres que volvieron a ver televisión después de participar en este desafío de treinta días encontraron que ya la televisión no tenía dominio sobre sus vidas: encendían el televisor con menos frecuencia y les resultaba más fácil apagar los programas censurables. Este experimento se puede aplicar a cualquier clase de medios de comunicación que esté haciendo estragos en su hogar.

Cómo desenchufar... en forma permanente

Una solución más directa en contra de ver la televisión o de escuchar música de manera habitual y obsesiva me la describió hace años la siguiente carta de una niñita con discernimiento llamada Tanya:

Estimado señor:

En su último boletín informativo me pidió que ayudara a apoyar su proyecto televisivo. Le escribo para informarle por qué no lo voy a hacer. Primero, no tenemos ni siquiera un televisor. Segundo, enviamos nuestro dinero extra a misioneros. Tercero, tengo solo once años de edad y no tengo dinero.

En este momento quiero volver a referirme a la primera razón, porque es la más importante. El Salmo 101:3 dice: «No pondré delante de mis ojos cosa injusta» [RV-60]. Jamás he vivido con un televisor. Mis padres nunca han comprado un televisor. No obstante, después de leer y escuchar hablar a otras personas, entiendo que en la televisión se muestran a personas que no se ponen suficiente ropa. Gente que roba, mata, miente, engaña y dice malas palabras. Mis padres me han enseñado, y la Biblia lo dice, que esas son cosas malas.

Tal vez esto no tenga sentido para usted, pero sí lo tiene para mí. No creo que me esté perdiendo nada porque viajamos un montón y leemos muchísimos libros.

Sinceramente,

Tanya

Como le escribí a Tanya esa vez, su carta tuvo mucho sentido para mí. ¡Somos los que dedicamos horas todos los días a absorber formas inapropiadas de «entretenimiento» los que nos perdemos algo! Respeto a Tanya y a su familia por tener el valor de no poseer un televisor. Usted también quizá decida que deshacerse del televisor o de la computadora sea la decisión correcta para usted y su familia.

Una nueva clase de música

Simon Verity es un maestro escultor en piedra que usó su talento para restaurar catedrales del siglo trece en Gran Bretaña. Con cada cuidadoso golpe de su cincel, escuchaba de cerca el cántico de la piedra. Un sonido sólido indicaba que todo marchaba bien, pero el chillido agudo de un *clac* significaba que un pedazo de la roca podría estar listo para desprenderse. A cada instante ajustaba el ángulo de sus golpes y la fuerza de su mazo al tono del sonido, haciendo una pausa con frecuencia para pasar la mano sobre la superficie recién tallada. El éxito de Verity dependía de su habilidad para interpretar las señales que cantaban sus piedras.

De una forma similar, cuando usted quita las distracciones que invaden a su hogar por medio de cosas tales como el televisor y la computadora, también comenzará a escuchar la «música» de su cónyuge e hijos. El tiempo que una vez se usaba frente a la «pantalla idiota» se puede dedicar en su lugar a conversar, jugar, dar paseos y simplemente escucharse los unos a los otros.

Cuando apaga las distracciones electrónicas y se sintoniza a su familia, también descubrirá que es más fácil discernir la voz suave y apacible de nuestro Señor. Un mayor tiempo en su horario puede conducir a una vida de oración más significativa, una comprensión más profunda de su Palabra y el cumplimiento de las palabras del salmista: «Que todos los que te buscan se alegren en ti y se regocijen» (Salmo 40:16).

En una vida finita donde importa cada momento, estos quizá sean los mayores beneficios de todos.

Solución #5

Apague las distracciones y sintonícese con sus seres queridos

- ¿Cuánto tiempo cree que cada miembro de su familia pasa mirando televisión o películas, navegando por la Internet o practicando juegos de vídeo? Durante una semana, pida a cada miembro de la familia que lleve un registro del tiempo que pasa en cada una de estas actividades; luego compárelo al estimado que hizo usted.

- Hable con su familia y luego pruebe la sugerencia de Bob DeMoss de apagar el televisor por un mes o incluso por una semana. Al final del experimento, haga una lista de las ventajas y las desventajas que descubrió.

- Le recomiendo de manera enfática que saque del cuarto de sus hijos los televisores, las computadoras, los juegos de vídeo, las caseteras y cualquier otro aparato electrónico. Colóquelos en la sala de estar, donde se pueden vigilar y donde se puede regular la cantidad de tiempo que se pasa en ellos. ¿Cómo puede hacer menos por sus hijos?

6

Palabras de aliento para hoy

Anímense y edifíquense unos a otros.
1 TESALONICENSES 5:11

S i no nos protegemos de las tensiones que provienen del exterior, la vida se puede parecer más a un maratón que a un paseo por el parque. Con presiones implacables en el trabajo, un exigente horario de transporte colectivo y de deportes, y el estrés de mantener al día el hogar y los deberes de la iglesia, las mamás y los papás pueden comenzar a desalentarse. Entonces la fatiga y la irritabilidad se apoderan de ellos, se dicen palabras con enojo y muy pronto todos en la familia están molestos los unos con los otros.

Cada uno de nosotros ejerce mucho poder para edificar, o para destruir, a los que nos rodean. Lewis Yablonsky, autor del libro *Fathers and Sons*, escribió sobre el efecto de comentarios negativos de su propio padre. A la hora de la cena, la madre de Lewis diría cosas así: «¡Fíjate en tu padre! Sus hombros están encorvados; es un fracasado. No tiene el valor para conseguir un trabajo mejor ni para ganar más dinero. Es un hombre derrotado». El padre de Lewis nunca se defendió, solo mantenía la vista fija en su plato.

Compare esta historia con la de uno de los escritores más famosos, Nathaniel Hawthorne, y su esposa. Sofía Hawthorne ahorraba en secreto un poco de dinero todas las semanas, cantidad que al final llegó a ser lo bastante grande como para mantenerlos a los dos durante un año. Verá, Sofía creía que su esposo un día llegaría a ser un gran escritor. Cuando Nathaniel Hawthorne llegó a su casa un día y anunció avergonzado que le habían despedido de su trabajo en la aduana, Sofía le dio el dinero que había ahorrado y le dijo: «¡Ahora puedes escribir tu libro!». Su confianza y aliento llevaron a que se escribiera una de las novelas clásicas de los Estados Unidos: *La letra escarlata*.

Una palabra **amable** [...] aviva nuestra **energía** y nos infunde un nuevo **entusiasmo** para enfrentar los **retos** que la vida nos lanza en nuestro camino.

Mark Twain dijo una vez: «Puedo vivir dos meses por las palabras de un buen cumplido». Una palabra amable es algo así. Aviva nuestra energía y nos infunde un nuevo entusiasmo para enfrentar los retos que la vida nos lanza en nuestro camino. Uno de los mejores consejos para las parejas que luchan con el agotamiento como padres es este: Apliquen las palabras de las Escrituras y «mientras dure ese "hoy", anímense unos a otros cada día» (Hebreos 3:13).

Ayuda para la esposa atormentada

Ya hemos tratado el problema común de los esposos (o las esposas) que dedican enormes cantidades de tiempo y energía a sus carreras o a cualquier otro interés fuerte en la vida. A menudo se extenúan y tal vez dejen prácticamente todas sus responsabilidades en el hogar y la crianza de sus hijos a sus también agotados cónyuges. Al final, ambos se agotarán, y sus hijos y sus matrimonios sufrirán por eso.

Este cónyuge enfocado en su carrera o en otras ocupaciones, con más frecuencia es el esposo, está «en otro lugar» de manera física y emocional. Mientras tanto, la esposa a menudo queda sola y aislada. Es posible que no tenga familiares con los cuales pueda contar. Tal vez pase dos o cuatro o aun diez años sin un descanso significativo de las tareas de criar a los hijos. Siente que es un pequeño sacrificio que hace por este propósito tan noble. Sin embargo, en lo psicológico, el impacto puede ser devastador. Las mujeres, en especial, tienden a derivar su sentido de autoestima de la cercanía emocional que obtienen a través de las relaciones.

Esposos, es hora de que se den cuenta de que sus esposas están bajo ataque. No pasa casi ni un día en el cual no se burlen y socaven los valores tradicionales del legado judeocristiano de forma patente:

- La idea de que criar a los hijos es una inversión digna del tiempo de una mujer sufre ataques implacables.

- La idea de que las mujeres deben someterse al liderazgo de sus esposos, como se manda en Efesios 5:21-33, se considera casi medieval por su estupidez.

- El concepto de que un hombre y una mujer deben llegar a ser una sola carne, encontrando su identidad el uno en el otro y no como individuos separados y rivales, se dice que es un insulto intolerable para las mujeres.

- La creencia de que el divorcio es una alternativa inaceptable ha sido abandonada por casi todo el mundo.

- La descripción de la esposa y madre virtuosa que se presenta en Proverbios 31:10-31 es algo impensable para la mujer moderna.

- El papel de la mujer como ayuda idónea, que hornea pan, cura heridas, da amor, edifica su hogar y da a luz se ve como algo desagradable por completo.

Todos estos valores arraigados en lo más profundo, que muchas esposas tratan de mantener con desesperación, están expuestos a un ridículo continuo. Los medios de comunicación occidentales (la radio, la televisión y la prensa) trabajan sin cesar para destruir los últimos vestigios de tradición cristiana. ¡Y las esposas que creen en esa tradición espiritual cuelgan prácticamente de un hilo! Hacen que se sientan estúpidas, anticuadas e insatisfechas, y en muchos casos, su autoestima sufre daños irreparables. Luchan contra más de tres décadas de cambio social con muy poco apoyo de alguien.

Permítanme decirlo de forma más directa. Para el hombre que aprecia la disposición de su esposa de estar firme contra la ola de la opinión pública: de quedarse en el hogar en un vecindario vacío con la única compañía de niños pequeños, con mermelada en los rostros, y adolescentes de voluntad firme, es hora de que ayude a su esposa. No sugiero simplemente que lave los platos o que barra el piso. Me refiero a proveerle el apoyo emocional... de la conversación... de hacerla sentirse como una dama... de edificarle el ego... de darle un día de recreación a la semana... de llevarla a cenar... de decirle que le ama. Sin estas armas, la esposa está agotada y sin defensa contra los adversarios de la familia: ¡los adversarios de *su* familia!

Jesús nos dio un ejemplo clásico de esta clase de servicio cuando les lavó los pies a sus discípulos y les dijo que hicieran lo mismo los unos por los otros. ¿Es tiempo de algún «lavamiento de pies» simbólico en su matrimonio? Las mujeres son criaturas románticas. Dios las hizo de esa manera. ¿Ha tratado de entender esa naturaleza tierna y de hacerse el propósito de suplir las necesidades que expresa?

¿Es tiempo de algún «lavamiento de pies»
simbólico en su matrimonio?

También debo señalar que aunque le prodigue atenciones a su esposa, no logrará suplir todas sus necesidades emocionales. Aliéntela para que desarrolle amistades significativas con otras mujeres y a que se relacione con otras personas en su comunidad. Tal vez pueda unirse a un estudio bíblico o al grupo de madres de hijos en edad preescolar. Hasta unos pocos períodos renovadores de descanso de la rutina pueden levantar su espíritu por varios días.

Muéstrele aprecio a su esposo

Todas las monedas tienen dos caras, y es hora de que miremos el otro lado de esta moneda. Esposa, ¿entiende las necesidades de su esposo? Debemos reconocer que la carrera de un hombre por lo general es extremadamente importante para su autoestima. Lo hicieron de esa forma. Muchas mujeres se quejan de que sus esposos son «adictos al trabajo», lo que quizá sea verdad, pero los esposos merecen recibir aprecio por el esfuerzo que hacen. En comparación con el hombre que está en su casa haciendo poco o nada, el hombre que trabaja mucho es una persona honorable. Dios les ha asignado dos tareas clave a los hombres: Proveer para sus familias y protegerlas. Si su esposo cumple esos dos requisitos, debe decirle que aprecia lo mucho que trabaja.

Él también apreciará un ambiente pacífico. Hace varios años se llevó a cabo una encuesta para determinar lo que querían los hombres en sus hogares. El resultado fue sorprendente: Era *tranquilidad*. ¿Es su hogar un refugio para su esposo y su familia, donde él puede «recargar sus baterías» y disfrutar de la compañía de sus seres queridos?

Un último punto para que recuerden las esposas: su esposo necesita que le *respete*. Haláguelo por las cualidades que más admira en él. Evite los comentarios que lo degraden o avergüencen, en especial frente a otros. En lo que sea posible, entienda y apoye su carrera, pero también cree una atmósfera que dé seguridad en el hogar para que él se sienta feliz de dejar las preocupaciones de su trabajo en la oficina.

Bernabé, cuyo nombre significa «hijo de consolación», estaba «lleno del Espíritu Santo y de fe» (Hechos 11:24). Su don fue de un valor incalculable para ayudar al apóstol Pablo a guiar a otros a Cristo durante sus viajes misioneros. Si está dispuesto a ser un Bernabé para su cónyuge y buscar la ayuda de Dios, Él le bendecirá con nuevas fuerzas para alentar a su cónyuge.

Cuando se está solo

Aunque la tarea de criar a los hijos es realmente temible para las mamás y los papás que trabajan demasiado y no son reconocidos, el candidato más propenso para el agotamiento es la madre o el padre soltero. Merece nuestra sincera admiración. Estas personas, por lo general mujeres, deben completar las tareas casi siempre asignadas a esposos y esposas sin el apoyo y el amor de un cónyuge. Sus vidas no marchan por terreno llano, sino cuesta arriba, los siete días de la semana.

A veces me encuentro con un hombre o una mujer cuya vida parece casi insoportable. Nunca olvidaré la conversación telefónica que tuve con una joven madre hace algunos años. Hacíamos una transmisión radial en vivo, y yo trataba de responder las preguntas de radioescuchas que buscaban mi consejo. La suave voz femenina de una joven, tal vez de unos veintitrés años de edad, todavía me resuena en la mente.

Era madre de dos niños en edad preescolar, el hijo menor, de trece meses, tenía parálisis cerebral. El niño no hablaba ni caminaba, ni respondía como otros niños de su edad. El hermano mayor, que en ese entonces tenía tres años, al parecer estaba resentido por la atención que recibía el bebé, y a cada momento probaba los límites de la autoridad de su madre. Sin embargo, mientras hablábamos, me enteré de otras dificultades adicionales. El esposo de esta joven había sido incapaz de soportar esas presiones y los había abandonado unos meses atrás. Así que ahora esta joven, cargada por la culpa y las pruebas de un bebé enfermo y un niño pequeño rebelde, también enfrentaba el abandono y el rechazo de su esposo. Mi corazón se conmovió por ella.

Después de esa conversación radial, recibimos docenas de cartas de radioescuchas que querían comunicarse con ella y ofrecerle ayuda financiera. Sin embargo, no los pude ayudar. Solo conocí a esa mujer como una voz... una voz que expresaba tristeza, dolor, miedo, valor y fe.

Si usted es una madre o padre soltero, siento compasión por su situación y le insto a que busque ayuda y aliento de su familia, vecinos, otros amigos y la iglesia. Necesita la amistad de familias que tengan padre y madre a fin de que a veces les puedan cuidar a sus hijos para dejarle un poco de tiempo libre a usted. Si es una mamá, necesita la ayuda de jóvenes que puedan jugar a la pelota con sus hijos o llevarlos a un partido de fútbol. Necesita amigos que le puedan arreglar los frenos a su automóvil y reparar las goteras del techo. Necesita compañeras de oración a las que les rinda cuentas por su caminar con el Señor y que le ayuden a llevar sus cargas. Necesita una familia de creyentes que la cuiden, la levanten y le recuerden sus prioridades.

Tal vez lo más importante, necesita saber que el Señor es consciente de sus circunstancias. Recuerde las palabras del salmista: «Tú, Señor, escuchas la petición de los indefensos, les infundes aliento y atiendes a su clamor» (Salmo 10:17).

El resto de nosotros, mientras tanto, debemos recordar el mandato de la Biblia de «atender a los huérfanos y a las viudas en sus aflicciones» (Santiago 1:27). Si conoce a una mamá o un papá soltero agotado, ¿por qué no le brinda ayuda? Un poquito de amabilidad tal vez sea todo lo que esa persona necesite para poder sobrellevar el día.

Necesita **saber** que el Señor es **consciente** de sus **circunstancias.**

Uncidos lado a lado

La traducción griega de la palabra *aliento* es *parakletos*, la cual significa literalmente «llamado al lado para ayudar». Me recuerda la imagen bíblica de dos personas bajo un yugo, lado a lado, como cuando Jesús dijo: «Carguen con mi yugo y aprendan de mí [...] Porque mi yugo es suave y mi carga es liviana» (Mateo 11:29-30). Esta clase de aliento incluye ofrecer una palabra que anime, pero es más que eso. Es estar al lado de su esposo y mantener una actitud alentadora cuando él ha perdido su trabajo. Es sacar a los niños un sábado cuando su esposa está demasiado cansada para mantenerse en pie. Es arreglar o posponer sus planes, o hasta sus aspiraciones profesionales, cuando su cónyuge está desanimado o necesita su apoyo.

Apliquemos este concepto ahora, a usted y a mí. ¿Qué puede hacer una mujer por un hombre que se relacione directamente con su naturaleza masculina? En una palabra, ella puede fortalecer su confianza. Este papel vital se ilustra mejor en una de mis historias favoritas, como la contó mi difunto amigo el doctor E.V. Hill. E.V. era un ministro dinámico, de raza negra, y el pastor principal de la iglesia misionera bautista Mt. Zion en Los Ángeles. Su amada esposa, Jane, había muerto de cáncer. En uno de los mensajes más conmovedores que he escuchado, el doctor Hill habló de Jane en su funeral, describiendo las formas en que esa «mujer extraordinaria» lo había hecho un hombre mejor.

Cuando era un predicador que luchaba por abrirse paso, le había costado mucho ganarse la vida. Eso lo llevó a invertir los escasos recursos familiares, a pesar de las objeciones de Jane, en la compra de una gasolinera. Sentía que a su esposo le faltaba tiempo y que no tenía experiencia en ese campo como para cuidar de su inversión, lo que probó ser cierto al final. Por último, el negocio se fue a la quiebra y E.V. perdió todo en esa empresa.

Era un tiempo crítico en la vida de ese joven. Había fracasado en algo importante, y su esposa hubiera tenido derecho a decirle: «Te lo dije». Sin embargo, Jane tenía una comprensión intuitiva de la vulnerabilidad de su esposo. Así que cuando E.V. la llamó para decirle que había perdido el negocio, todo lo que dijo fue: «Está bien». E.V. regresó a su hogar esa noche esperando que su esposa se fuera a quejar de su absurda inversión. En cambio, se sentó a su lado y le dijo: «He estado haciendo algunos cálculos. Reconozco que no fumas y no tomas bebidas alcohólicas. Si fumaras y tomaras bebidas alcohólicas, habrías perdido lo mismo que perdiste en la gasolinera. Así que una cosa por otra. ¡Olvidémoslo!».

Jane podría haber destrozado la confianza de su esposo en esa encrucijada delicada. El ego del hombre es sorprendentemente frágil, sobre todo durante tiempos de fracaso o vergüenza. Por esa razón E.V. necesitaba escuchar de sus labios: «Todavía tengo confianza en ti», y ese fue justo el mensaje que le dio a él.

Poco después del fracaso de la gasolinera, E.V. llegó a su hogar una noche y vio que la casa estaba a oscuras. Cuando abrió la puerta, vio que Jane había preparado una cena para dos a la luz de velas. «¿Qué queréis decir vos con esto?», preguntó con su característico buen sentido del humor. «Bueno», dijo Jane, «esta noche vamos a comer a la luz de las velas». E.V. pensó que era una buena idea, y fue al baño para lavarse las manos. Trató sin éxito de encender la luz. Entonces caminó a tientas hasta el dormitorio y trató de encender otra luz. La oscuridad no se disipó. El joven pastor volvió al comedor y le preguntó a Jane por qué no había electricidad.

Ella comenzó a llorar. «Tú trabajas mucho y estamos luchando», dijo Jane, «pero es muy difícil. No tuve el dinero suficiente para pagar la cuenta de la luz. Y no quería que lo supieras, así que pensé que podíamos cenar a la luz de las velas».

El doctor Hill describió las palabras de su esposa con intensa emoción. Dijo: «Ella pudo haber dicho: "Nunca antes he estado en esta situación. Me criaron en la casa del doctor Carruthers, y a nosotros nunca nos cortaron la luz". Pudo haber quebrantado mi espíritu. Pudo haberme arruinado. Pudo haberme desmoralizado. Sin embargo, en su lugar dijo: "De alguna forma u otra, vamos a lograr que nos reconecten la electricidad, pero comamos a la luz de las velas esta noche"».

E.V. continuó: «Era mi protectora. Hace algunos años tuve bastantes amenazas de muerte, y una noche recibí la noticia de que me iban a matar al día siguiente. Me desperté agradecido de estar vivo, pero me di cuenta de que ella no estaba. Miré por la ventana y vi que mi auto no estaba. Fui afuera, y al final la vi conduciendo el automóvil con su bata de casa. Le pregunté: "¿Dónde estuviste?" Me respondió: "Yo... yo... se me ocurrió que podrían haber puesto una bomba en tu automóvil anoche, y si hubieras subido allí, podrías haber volado en pedazos, así que me levanté y lo conduje yo. Está bien"».

Jane Hill debe de haber sido una mujer notable. De sus muchos dones y atributos, el que más me impresiona es el papel que desempeñó fortaleciendo y apoyando a su esposo. E.V. fue un líder cristiano poderoso. ¿Quién hubiera creído que necesitaba a su esposa para forjar y preservar su confianza? No obstante, así estamos hechos los hombres. La mayoría de nosotros somos un poco inseguros por dentro, en especial durante la primera parte de nuestra época de adultos.

Eso fue cierto para mí. Shirley ha contribuido en gran medida a mi desarrollo como hombre. He dicho muchas veces que creyó en mí antes de que yo creyera en mí mismo, y que su respeto hacia mí me dio la confianza de competir, luchar y arriesgarme. La mayor parte de las cosas que hago hoy en día se les pueden atribuir al amor de esta devota mujer, que estuvo a mi lado y me dijo: «Estoy contenta de estar en tu equipo».

Lo que estoy tratando de decir es que el sexo masculino y el sexo femenino se diseñaron con necesidades psicológicas muy específicas, pero bastante diferentes. Cada uno es vulnerable al otro de formas singulares. Cuando lo reducimos a lo básico, las mujeres necesitan que los hombres sean románticos, que las cuiden y las amen, y los hombres necesitan que las mujeres sean respetuosas, que los apoyen y sean leales. En esencia, estas no son influencias culturales que se aprenden en la niñez, como algunos quieren hacernos creer. Son fuerzas arraigadas en lo más profundo de la personalidad humana. Es más, el Creador observó la soledad de Adán en el huerto del

Edén y dijo: «No es bueno que el hombre esté solo». Así que le hizo una ayuda adecuada, una compañera, una persona que lo amara... una *alentadora* designada para vincularse con él de manera emocional y sexual. Al hacer esto, Él inventó la familia, y le dio su bendición y ordenó que fuera así.

Dar aliento es un juego de participación. Cuando se coloca al lado de su cónyuge y comparte sus problemas, está practicando el *parakletos*, y se convierte en una fuente maravillosa de aliento y esperanza.

Solución #6

Aliéntense los unos a los otros

- ¿Practica su familia una actitud de *parakletos*? Si no es así, ¿cómo podrían moverse en esa dirección?

- Dígale a su cónyuge dos maneras en que lo podría alentar durante esta semana. Pregunte qué puede hacer para ser una persona alentadora.

- Lea ejemplos sobre la forma en que Jesús alentó a otros (Mateo 16:17-19; 26:6-13; Lucas 7:44-48 y Juan 1:47-48).

La oración: La respuesta correcta

*«[El Señor] fortalece al cansado
y acrecienta las fuerzas del débil».*
ISAÍAS 40:29

Hace casi tres mil años el profeta Elías obtuvo un gran triunfo sobre Acab y los profetas de Baal en el monte Carmelo. Dios respondió al clamor de Elías con fuego sagrado. Pero entonces Jezabel prometió matar a Elías, y él huyó al desierto. Agotado por completo en cuerpo y alma, Elías estaba tan desalentado que estaba listo para morir. Se sentó y oró: «¡Estoy harto, SEÑOR! —protestó—. Quítame la vida» (1 Reyes 19:4).

Como padres, ¿no nos sentimos a menudo igual que Elías? Si su energía está del todo agotada, si está enfermo o no le queda nada para darles a sus necesitados hijos, si los obstáculos parecen frustrar cada uno de sus movimientos; ¿no son esos los momentos en que le parece que también llegó al límite? Tal vez se ha sentido tan desalentado que ha deseado que termine su vida.

Demasiado a menudo, cuando ya no podemos más, nos quedamos con nuestra desesperación. Tratamos de salir del paso por nuestras propias fuerzas, y al final nos venimos abajo. Sin embargo, Elías, aun en su gran abatimiento, sabía la respuesta correcta. Llevó sus sentimientos de desesperanza al Señor en oración. Y Dios escuchó a Elías y envió su tierna respuesta por medio de un ángel: «Levántate y come, porque te espera un largo viaje» (v. 7). Después de dormir, Elías encontró que le habían preparado una comida. Comió y bebió, recibiendo nueva esperanza y fuerza para continuar.

Un **compromiso** con el Señor y **con sus** mandamientos es la **base** para la vida y el **matrimonio.**

Cuando los horarios sobrecargados y las exigencias inesperadas amenazan con abrumarnos, la tentación es renunciar a nuestro compromiso de orar. Sin embargo, un compromiso con el Señor y con sus mandamientos es la base para la vida y el matrimonio, y una vida de oración significativa es esencial para mantener ese compromiso. Es precisamente durante ajetreados tiempos de estrés y de desesperación que nosotros, al igual que Elías, más necesitamos caer sobre nuestras rodillas delante del Señor.

No se necesita una cita

¿Puede imaginarse realizar un viaje en forma impulsiva a la Casa Blanca y que de inmediato lo lleven a la Oficina Oval para conocer al presidente?

Por supuesto que no. Necesitaría hacer una cita con antelación, ¡y tener una razón muy buena para estar allí! Sin embargo, aunque le sorprenda, puede visitar repentinamente a alguien mucho más importante que el presidente de los Estados Unidos. Y puede estar seguro de que Él va a dejar de lado todas las cosas para hablar con usted.

El Rey del universo, el Creador de los cielos y la tierra, quien no tiene necesidades ni imperfecciones, le ama tanto a usted y a mí que siempre está listo a pasar tiempo con nosotros. Eso es casi incomprensible. El Señor quiere escucharle hablar de sus luchas y éxitos, quiere alentarlo y contarle los planes gloriosos que tiene para usted. La oración es un privilegio maravilloso, una oportunidad para comunicarse de forma directa con nuestro Creador. No importa lo ocupado que pueda estar, siempre tiene tiempo en su horario para usted.

Si nuestro Padre Todopoderoso en el cielo anhela tanto tener comunión con nosotros, ¿no deberíamos estar dispuestos a hacer de la oración una prioridad, sin importar lo ocupados que estemos? Jesús les dijo a sus discípulos que «debían orar siempre, sin desanimarse» (Lucas 18:1). Cristo entendió mejor que nadie el significado de la oración constante. Sin importar lo cansados o extenuados que podamos estar, debemos prestar atención a la sabiduría de nuestro Salvador.

Recuerdo una noche hace muchos años cuando Shirley y yo estábamos muy cansados. Aunque habíamos hecho un compromiso mutuo de orar por nuestro hijo e hija al final de cada día, esa noche estábamos tan extenuados que caímos en la cama sin nuestra bendición usual. Estábamos casi dormidos cuando la voz de Shirley se escuchó en la oscuridad. «Jim», dijo, «todavía no hemos orado por nuestros hijos hoy. ¿No crees que deberíamos hablar con el Señor?»

Admito que fue muy difícil para mí sacar mi cuerpo que mide 1,85 m de la tibia cama esa noche. Sin embargo, nos arrodillamos y oramos por la seguridad de nuestros hijos, poniéndolos en las manos del Padre una vez más.

Más tarde supimos que Danae y una amiga habían ido a un establecimiento de comidas rápidas a comprar hamburguesas y refrescos. Habían conducido unos kilómetros y se habían detenido al costado del camino comiendo su comida cuando un policía pasó por allí alumbrándolas con su reflector en todas direcciones. Era obvio que buscaba a alguien, pero poco a poco se alejó del lugar.

Unos minutos más tarde, Danae y su amiga escucharon un sonido metálico desde debajo del automóvil. Se miraron la una a la otra con temor, y sintieron un golpe agudo. Antes de abandonar el lugar, un hombre salió de debajo del automóvil del lado del pasajero. Estaba muy melenudo y parecía que había estado en las calles por semanas. El hombre se acercó enseguida a la puerta y trató de abrirla. Gracias a Dios estaba bajo llave. Danae encendió el automóvil con rapidez y se alejaron del lugar... sin duda a toda velocidad.

Cuando supimos la hora de ese incidente, nos dimos cuenta de que Shirley y yo habíamos estado de rodillas en ese preciso momento de peligro. Nuestras oraciones recibieron respuesta. ¡Nuestra hija y su amiga estaban a salvo!

Me resulta imposible exagerar la necesidad de orar, *en especial* cuando pensamos que nos falta el tiempo y la energía para hacerlo. El apóstol Pablo fue el que dijo: «Oren sin cesar, den gracias a Dios en toda situación, porque esta es su voluntad para ustedes en Cristo Jesús» (1 Tesalonicenses 5:17-18). A medida que ora sin cesar, descubrirá que las ventajas de una vida fuerte de oración son demasiado importantes para pasarlas por alto.

Una relación celestial

La Biblia hace gran énfasis en la oración. Leemos muchos ejemplos de lo importante que fue la oración para Jesús (Lucas 5:16). Se nos enseña que la oración no se diseñó para ganar favor ante los ojos de los hombres (Mateo 6:5-6), y que no necesitamos usar «muchas palabras» para tratar de impresionar al Señor (v. 7). Incluso se nos dan ejemplos de las palabras que deberíamos usar (vv. 9-13).

Entonces, ¿por qué la oración es, precisamente, tan importante para nuestro Señor? Es increíble, pero es una expresión de su deseo de tener una *relación* con nosotros. Aunque es imposible explicar el porqué, nuestro Señor desea conocernos de manera íntima... tener una relación personal, un diálogo con cada uno de sus hijos. Aunque Él sabe lo que pensamos, quiere que nosotros lo busquemos, que lo amemos y que hablemos con Él todos los días. ¡La razón es que no existe una relación cuando se escucha a escondidas!

Como padre o madre, es natural que desee una relación íntima con sus hijos. Aprecia enterarse de sus nuevos descubrimientos y gozos. Y cuando le dicen que están abrumados o que tienen miedo, enseguida les ofrece palabras de seguridad. Nuestro Padre celestial, quien nos ama más de lo que nosotros amamos a nuestros propios hijos, responde a nuestras oraciones de igual modo.

Si nos comunicamos de manera regular con nuestro Señor, descubriremos que nuestros corazones se acercan cada vez más a Él. Descubriremos la «roca sólida» que necesitamos para ayudarnos a soportar las presiones diarias y las tormentas de la vida.

Si nos **comunicamos** de manera regular con nuestro **Señor,** descubriremos que nuestros **corazones** se acercan cada vez más a Él.

El paso de la fe

Existe otra razón por la que la oración debe permanecer constante en el centro de nuestras ocupadas vidas. Del capítulo 2 recordará la carta que mi padre me escribió durante un tiempo en el que había aceptado enormes responsabilidades y compromisos profesionales. Ese mensaje tuvo una influencia radical en mi vida.

Sus palabras, escritas sin acusaciones o insultos, fueron como si me asestaran un repentino golpe de martillo. Es posible que las madres y los padres amen a Dios mientras pierden a sus hijos en forma sistemática. Usted puede ir a la iglesia tres veces a la semana, servir en la junta de la iglesia, asistir al picnic anual y dar sus diezmos. Con todo, si no combina la oración ferviente con estas actividades, tal vez fracase en pasar su fe y sus creencias a la próxima generación.

La urgencia de esta misión nos ha llevado a Shirley y a mí a arrodillarnos desde antes del nacimiento de nuestro primer hijo. Desde octubre de 1971 hasta los primeros meses de 1978, dediqué un día a la semana a orar y ayunar de manera específica por el bienestar espiritual de nuestros hijos. Entonces Shirley aceptó esa responsabilidad, la cual continúa hasta ahora. Este compromiso brota de una intensa percepción de nuestra necesidad de la ayuda divina en la extraordinaria tarea de criar hijos.

Me dijeron que George McCluskey, mi bisabuelo por el lado materno, llevaba una carga similar por sus hijos hasta los años finales de su vida. Cada mañana, invertía una hora desde las once hasta las doce en oración intercesora a favor de sus hijos y por las futuras generaciones de su familia. Hacia el final de su vida, anunció que Dios le había hecho una promesa: Todos los miembros de cuatro generaciones de su familia serían cristianos.

Esa promesa se ha estado cumpliendo de formas maravillosas. Para cuando nací yo, todos los miembros de mi familia del lado de mi bisabuelo materno, no solo habían aceptado a Cristo, sino que también habían sido ministros o lo eran. H.B. London, que es primo mío y miembro de la cuarta generación, también es ministro.

Yo soy el único que no sentí un llamado específico a este servicio. Aun así, considerando los cientos de veces que les he hablado a audiencias acerca del evangelio de Cristo, ¡me siento como un miembro honorario de ese equipo!

Entiendo a plenitud que cuando las responsabilidades y las actividades se amontonan una sobre la otra, es fácil dejar que el compromiso de orar todos los días comience a deslizarse de manera imperceptible. Sin embargo, le sugiero que examine su horario para hacer de la oración por sus hijos su prioridad número uno. No hay un llamamiento más alto en la tierra que ese.

Paz en medio de la agitación

Cuando tenía dos años de edad, mi familia vivía en un apartamento de un solo dormitorio en la ciudad de Sulphur Springs, Texas. Mi pequeña cama se encontraba al lado de la cama de mis padres. Era habitual que mi padre se despertara en medio de la noche por una vocecita ansiosa que le susurraba:

—¿Papá? ¿Papá?

—¿Qué, Jimmy? —respondía mi padre.

—Tómame de la mano —le decía.

Papá extendía su mano a través de la oscuridad y tomaba mi manita, cubriéndola por completo con la suya. Decía que en el instante en que tenía mi mano firmemente

115

en la suya, mi brazo se relajaba y mi respiración se volvía profunda y regular. De inmediato me volvía a dormir. Todo lo que necesitaba era saber que él estaba allí.

Hoy, como madres y padres adultos que desesperados tratamos de cumplir con las demandas del trabajo, los estudios, la iglesia *y* la crianza de los hijos, necesitamos lo mismo. Llamar en medio de la oscuridad... escuchar la voz que nos da seguridad... rogar: «¡Tómame de la mano!». Y luego, con alivio, sentir el toque firme pero amoroso de nuestro Padre celestial y saber que Él está allí.

A lo largo de este libro hemos hablado de algunas maneras de reducir las presiones y los compromisos que causan el agotamiento de los padres. Aun así, uno nunca logrará eliminarlas todas. Las pruebas y las tensiones son parte de la vida. Lo inesperado está siempre a la vuelta de la esquina. Por eso Jesús nos dice: «Vengan a mí todos ustedes que están cansados y agobiados, y yo les daré descanso» (Mateo 11:28).

Una de las ironías de la vida cristiana es que en los tiempos de mayor agitación podemos descubrir el sentimiento más profundo de paz y descanso, *si* le entregamos nuestras cargas a Él en oración. Las Escrituras también nos dicen: «No se inquieten por nada; más bien, en toda ocasión, con oración y ruego, presenten sus peticiones a Dios y denle gracias. Y la paz de Dios, que sobrepasa todo entendimiento, cuidará sus corazones y sus pensamientos en Cristo Jesús» (Filipenses 4:6-7).

Aun en medio de la ansiedad y el estrés, *hay* una serena paz que es reconfortante. El «Padre de misericordias y Dios de toda consolación» (2 Corintios 1:3, RV-60), está siempre listo para escuchar todos nuestros problemas y para poner sus amorosos brazos alrededor de nosotros. Él está esperando con paciencia que le llamemos.

¿Se siente abrumado?

Solución #7

Busque la paz a través de la oración

- Cuando está ocupado y estresado, ¿encuentra que ora más o que ora menos?

- Haga una lista de las formas en que el Señor le ha provisto calma y consuelo durante los tiempos de agitación.

- Si aún no lo está haciendo, durante la próxima semana separe un tiempo todos los días para orar en forma específica por cada miembro de su familia.

Epílogo

Confío en que haya encontrado inspiración y ayuda práctica en las páginas de este libro. Las tensiones diarias de la vida son suficientemente agobiantes; cuando las responsabilidades de criar a los hijos se agregan a su lista, usted tiene uno de los trabajos más difíciles del mundo. Lo sé, ¡yo mismo lo he experimentado!

Como referencia fácil, he aquí una lista de las siete soluciones para los padres agotados que hemos discutido:

1. Restaure el día de reposo

2. Solo diga «No» a los compromisos excesivos

3. Deshágase del deseo de adquirir

4. Busque el equilibrio para su vida y la familia

5. Apague las distracciones y sintonícese con sus seres queridos

6. Aliéntense los unos a los otros

7. Busque la paz a través de la oración

En realidad, hay muchas opciones que puede escoger para aliviar su carga. Sin embargo, la elección más importante es buscar al Señor para las respuestas a cada problema o crisis que enfrente. El profeta Jeremías escribió: «Porque yo sé muy bien los planes que tengo para ustedes —afirma el SEÑOR—, planes de bienestar y no de calamidad, a fin de darles un futuro y una esperanza» (Jeremías 29:11). Los caminos del Señor y su sabiduría son siempre su mejor respuesta.

Le deseo todas las bendiciones de Dios para usted y su preciosa familia.

James Dobson

Notas

1. Wayne Muller, *Sabbath: Restoring the Sacred Rythm of Rest*, Bantam, Nueva York, NY, 1999.

2. C.H. Spurgeon, *Discursos a mis estudiantes*, Casa Bautista de Publicaciones, El Paso, TX, 1954, p. 160 (del original en inglés).

3. Adaptado del libro de Gary Rosberg, *Guard Your Heart*, Multnomah Publishers, Inc., Sisters, OR, 1994.

4. Dr. Joseph Procaccini y Mark W. Kiefaber, *Parent Burnout*, Dobleday & Company, Inc., Nueva York, NY, 1987.

5. Marilyn Gardner, «Mothers who choose to stay home», *The Christian Science Monitor*, 14 de noviembre de 2001; http://www.csmonitor.com/atcsmonitor/specials/women/home/home111401.html; accedido el 24 de noviembre de 2003.

6. Penny Edgell Becker, The Religion and Family Project, Hartford Institute for Religion Research, 2000, http://hirr.hartsem.edu/research/family_Becker-projectindex.html; accedido el 1 de diciembre de 2003.

7. Susan Lang, «Study: Couples scale back work to care for families, make time for themselves», *Cornell Chronicle*, 16 de diciembre de 1999; http://www.news.cornell.edu/Chronicle/99/12.16.99/scaling_back.html; accedido el 1 de diciembre de 2003.

8. Leslie Haggin Geary, «I quit!», *CNNMoney*, 30 de diciembre de 2003, http://money.cnn.com/2003/11/11/pf/q_iquit; accedido el 4 de febrero de 2004.

9. «A Nation in Debt», *All Things Considered*, National Public Radio, 2003, http://www.npr.org/programs/atc/features/2003/jan/debt; accedido el 8 de diciembre de 2003.

10. Según se citó en el libro de Randy Alcorn, *El principio del tesoro*, Editorial Unilit, Miami, FL, 2001, p. 50 (del original en inglés).

11. A.W. Tozer, «La bienaventuranza de no poseer nada», en *La búsqueda de Dios*, Bibleteacher.org; accedido en inglés en http://www.bibleteacher.org/tozchp2.htm, el 27 de febrero de 2004.

12. Peggy Patten, «Hurried Children, Busy Families», NPIN Parent News para el otoño de 2002, http://npin.org/pnews/2002/pnew902/feat902.html; accedido el 10 de diciembre de 2003.

13. University of Michigan Institute for Social Research, según un reportaje de Cox News Service, 26 de julio de 2000.

14. David Noonan, «Stop Stressing Me», *Newsweek*, 29 de enero de 2001, p. 54.

15. Bob DeMoss, *TV: The Great Escape*, Crossway Books, Wheaton, IL, 2001, pp. 33-34.

16. N. Gross, «The Entertainment Glut», *Business Week*, 16 de febrero de 1998, según un reportaje en «Media Use in America», *Mediascope*, 5 de noviembre de 2003, http://www.mediascope.org/pubs/ibriefs/mua.htm; accedido el 15 de diciembre de 2003.

17. L. Goodstein y M. Connelly, «Teenage Poll Finds Support for Tradition», *New York Times*, 30 de abril de 1998, según un reportaje en «Media Use in America», *Mediascope*, 5 de noviembre de 2003, http://www.mediascope.org/pubs/ibriefs/mua.htm; accedido el 15 de diciembre de 2003.

18. Estudio de Kaiser Family Foundation y Children's Digital Media Centers, según un reportaje en «Too Much TV?»

Notas

KOMO television news report, 29 de octubre de 2003, http://www.komotv.com/healthwatch/story.asp?ID=28013; accedido el 15 de diciembre de 2003.

19. George Barna, *Generation Next*, Regal Books, Ventura, CA, 1995, p. 55.

20. B.S. Bowden y J.M. Zeisz, «Supper's On! Adolescent Adjustment and Frequency of Family Mealtimes», un escrito presentado en la 105° reunión anual de la Asociación Psicológica Americana, Chicago, 1997.

21. *TV Guide*, 22-28 de agosto de 1992.

22. C.A. Anderson y K.E. Dill, «Video Games and Aggressive Thoughts, Feelings and Behavior in the Laboratory and in Life», *Journal of Personality and Social Psychology*, 2000, p. 74, según un reportaje en «Media Use in America», *Mediascope*, 5 de noviembre de 2003, http://www.mediascope.org/pubs/ibriefs/mua.htm; accedido el 15 de diciembre de 2003.

23. Bob DeMoss, *TV: The Great Escape*, Crossway Books, Wheaton, IL, 2001.

10|08 0
11|09 0
10|12 ① 1|11
10|14 ⑤ 5|14